PANKOVIC ANDELKA

BOLOGNA
COLOURING BOOK

PUBLISHER: PANKOVIC ANDELKA

Copyright © 2018 by Pankovic Andelka

First Printing: 2018

pankovic.andelka@gmail.com

http//facebook.com/andelka.pankovic

https://www.instagram.com/apdesignit/

To my loving son and husband

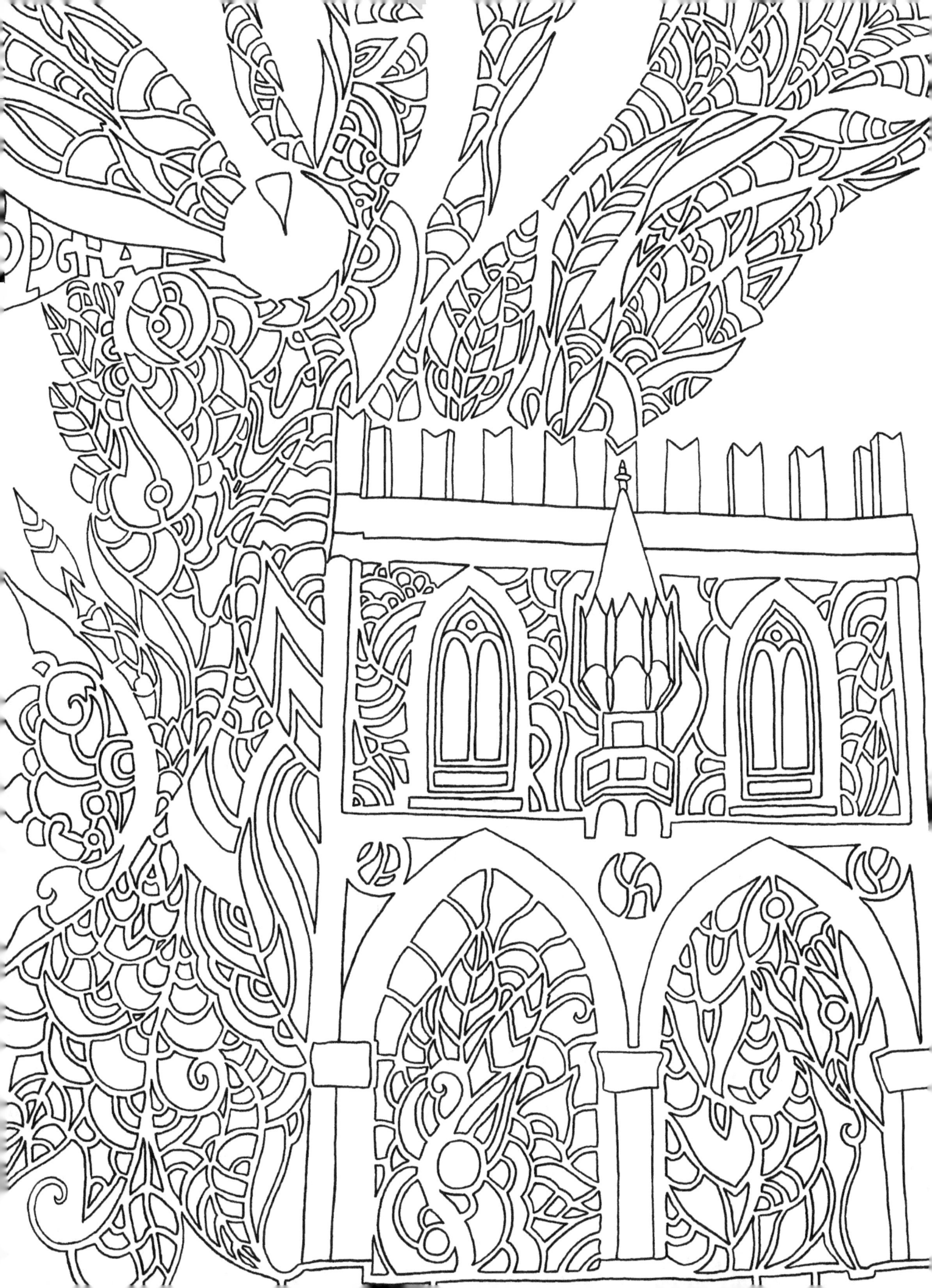

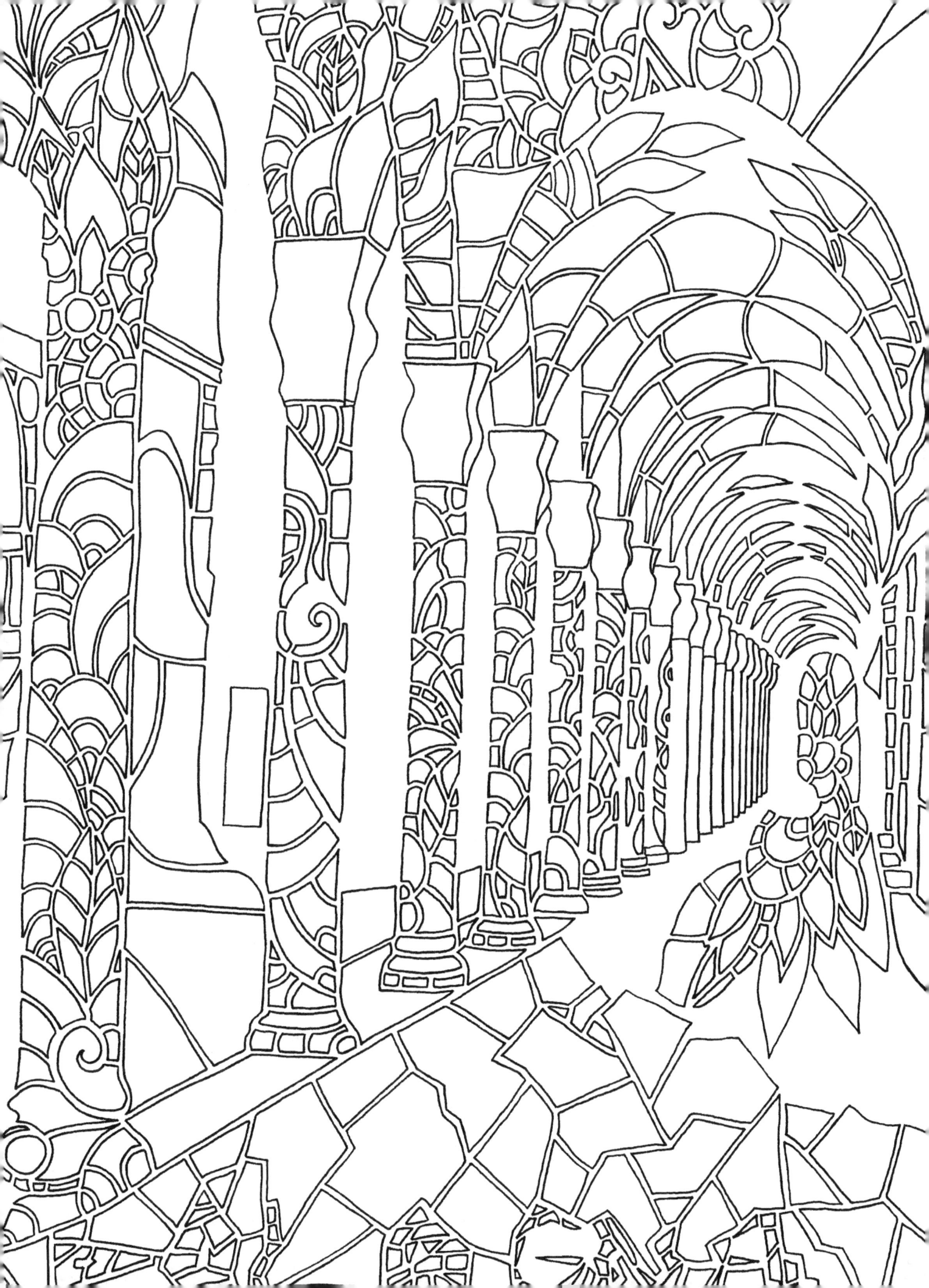

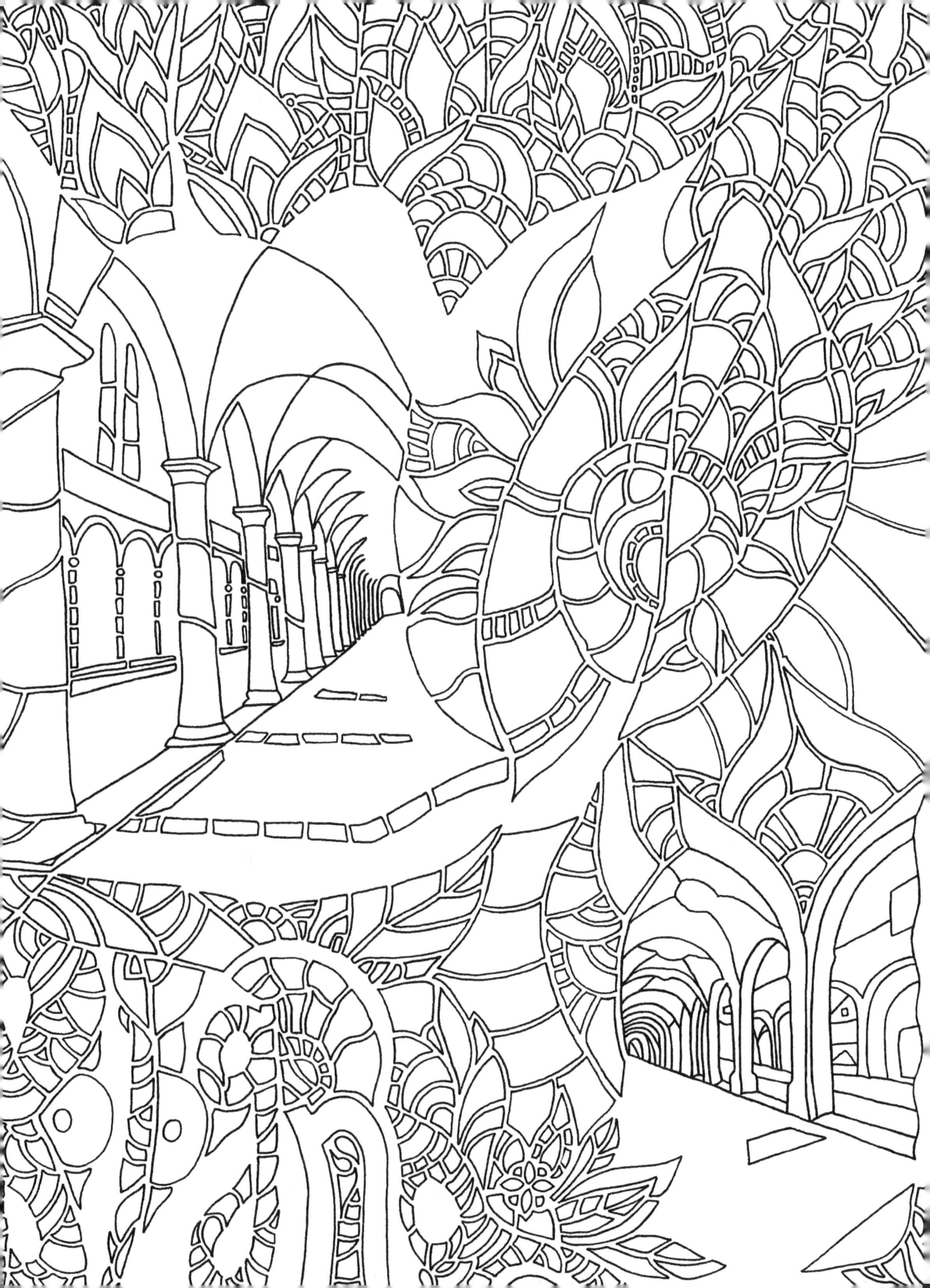

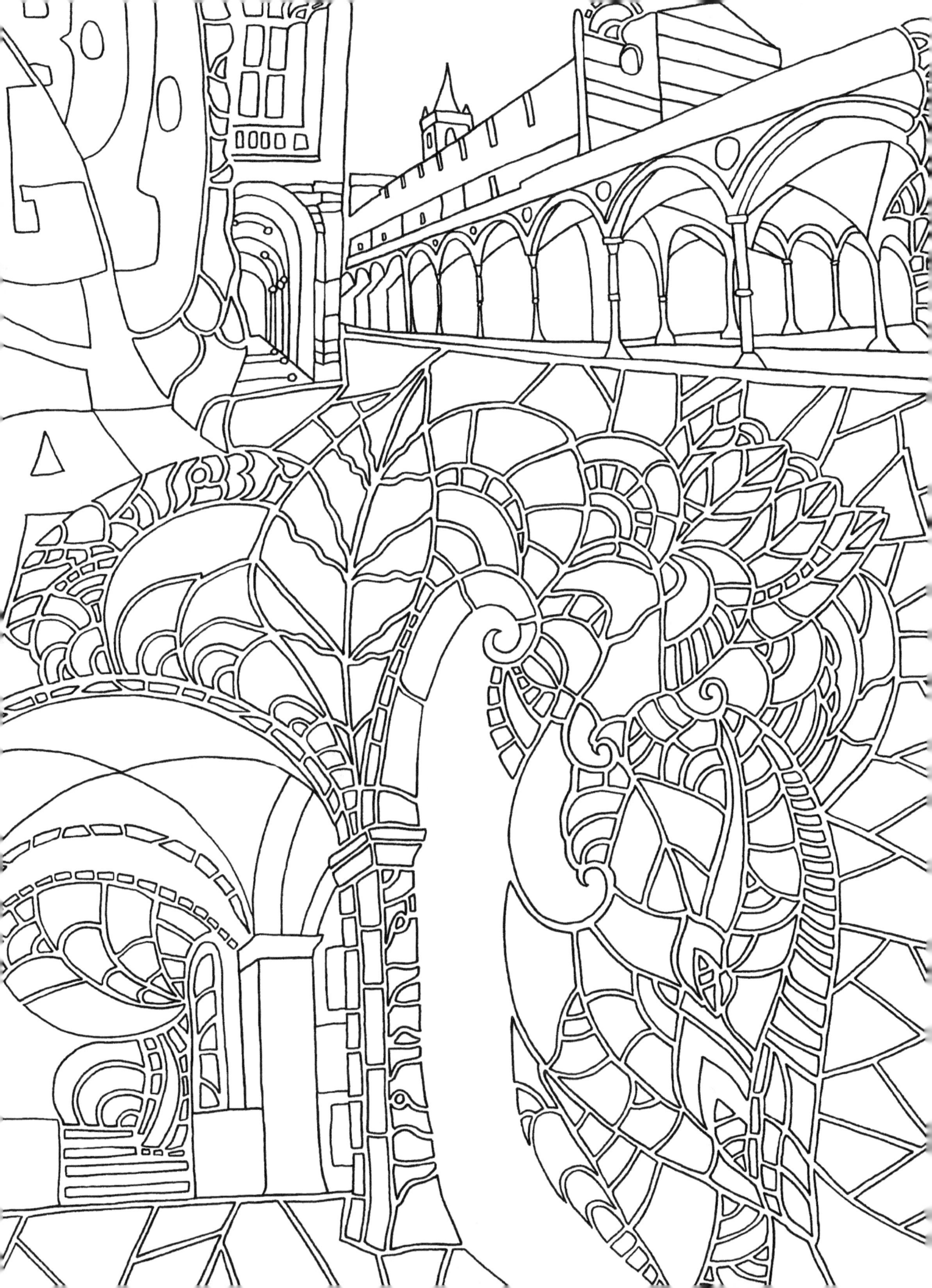

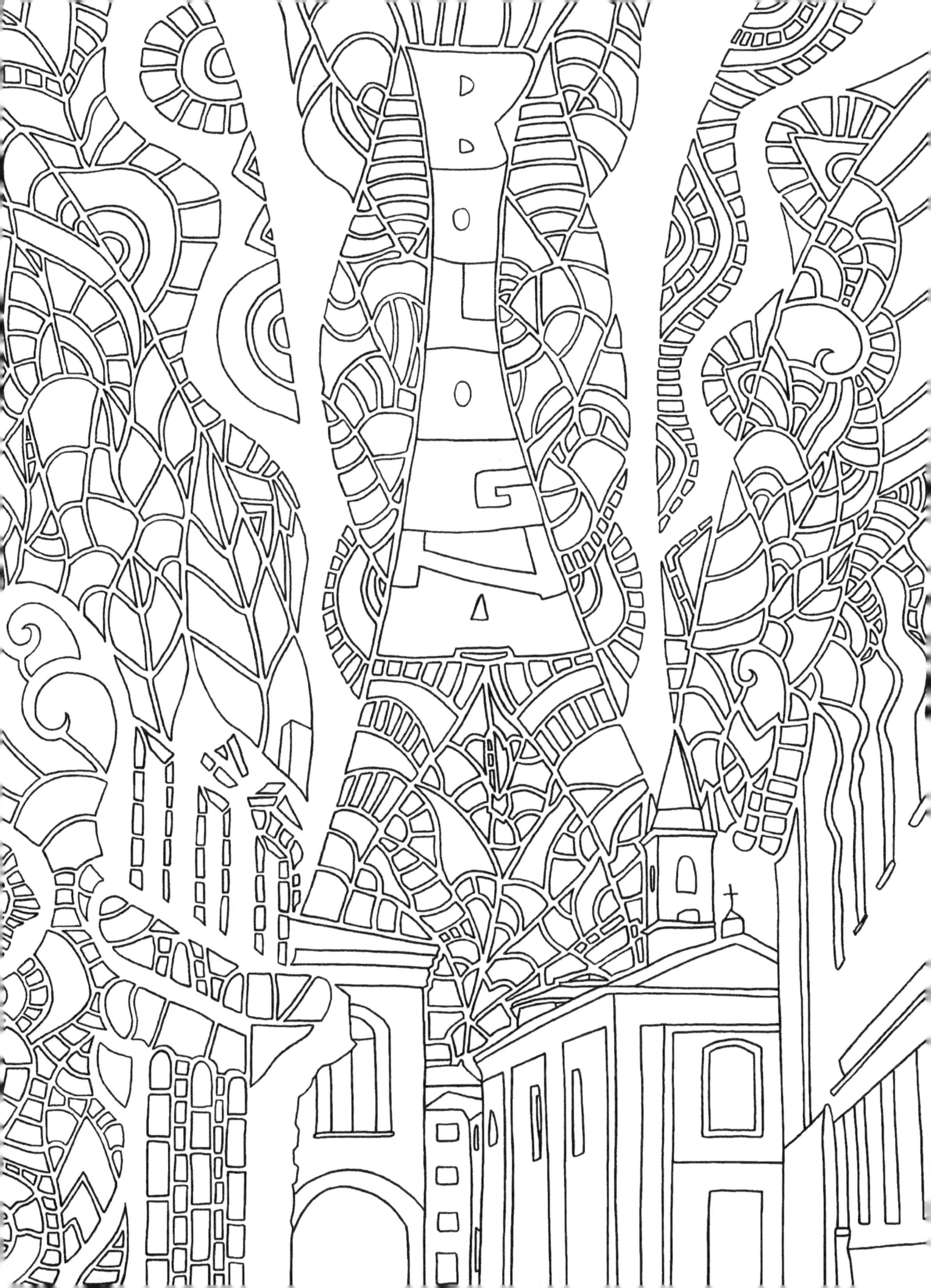

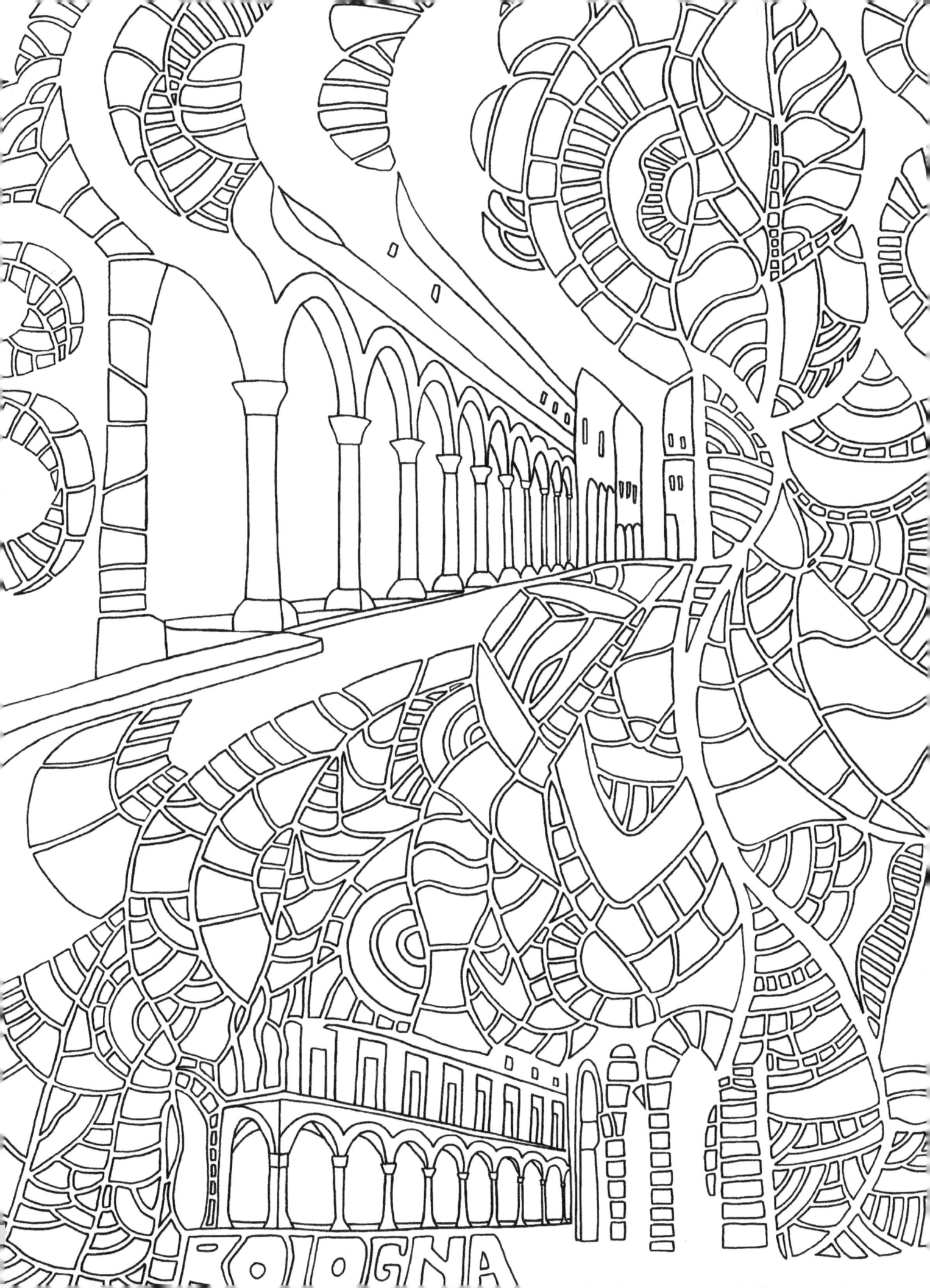

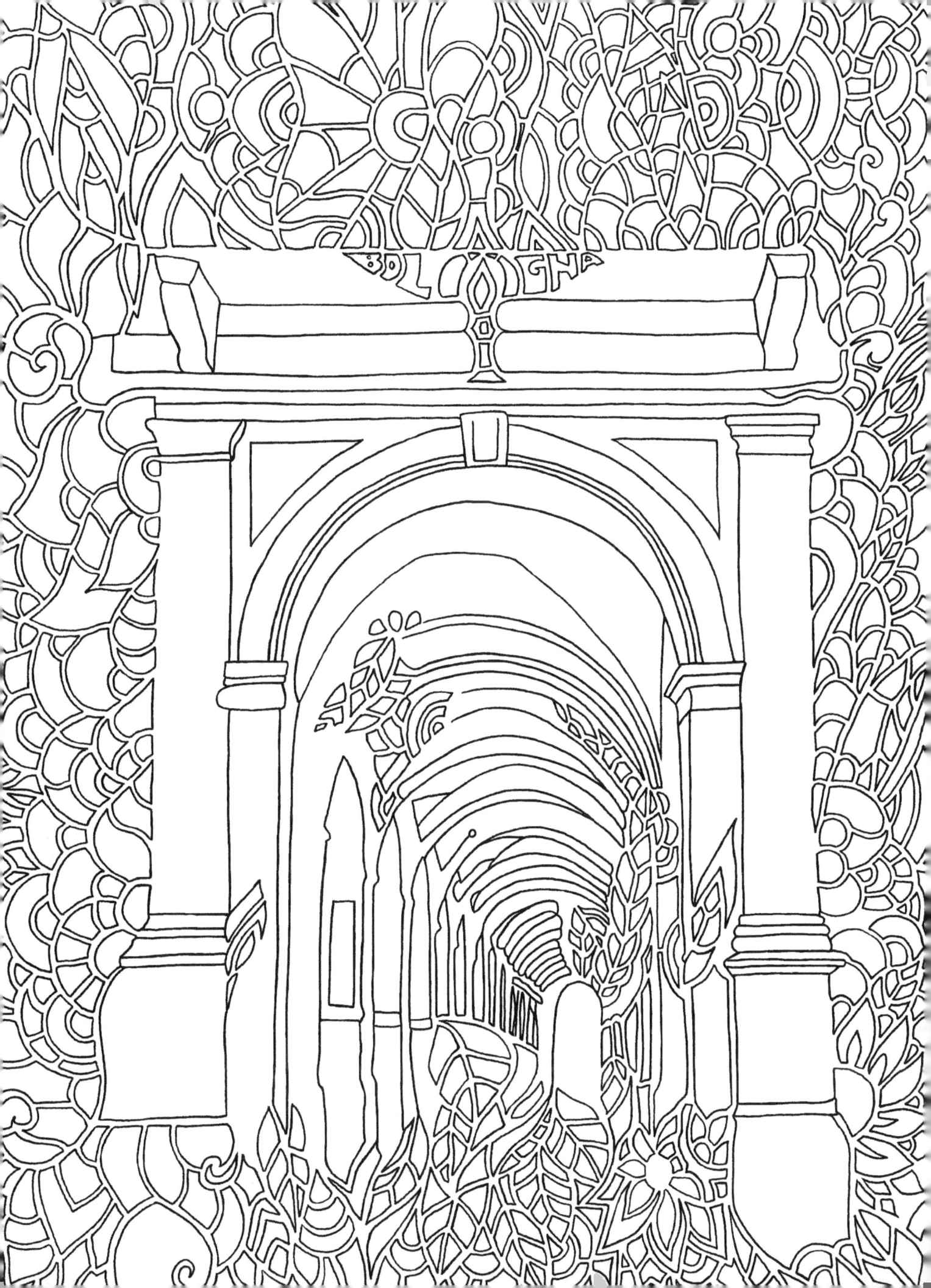

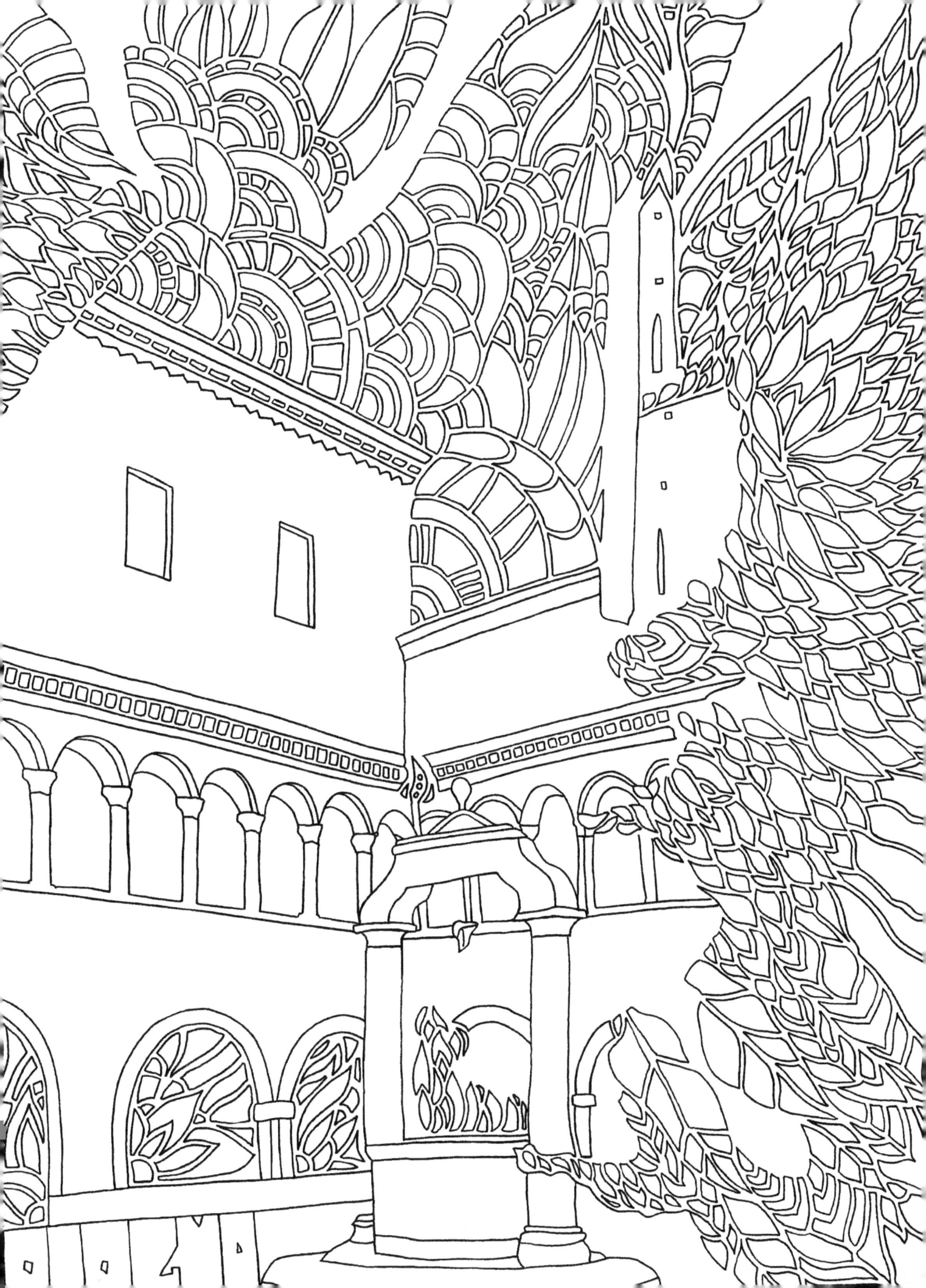

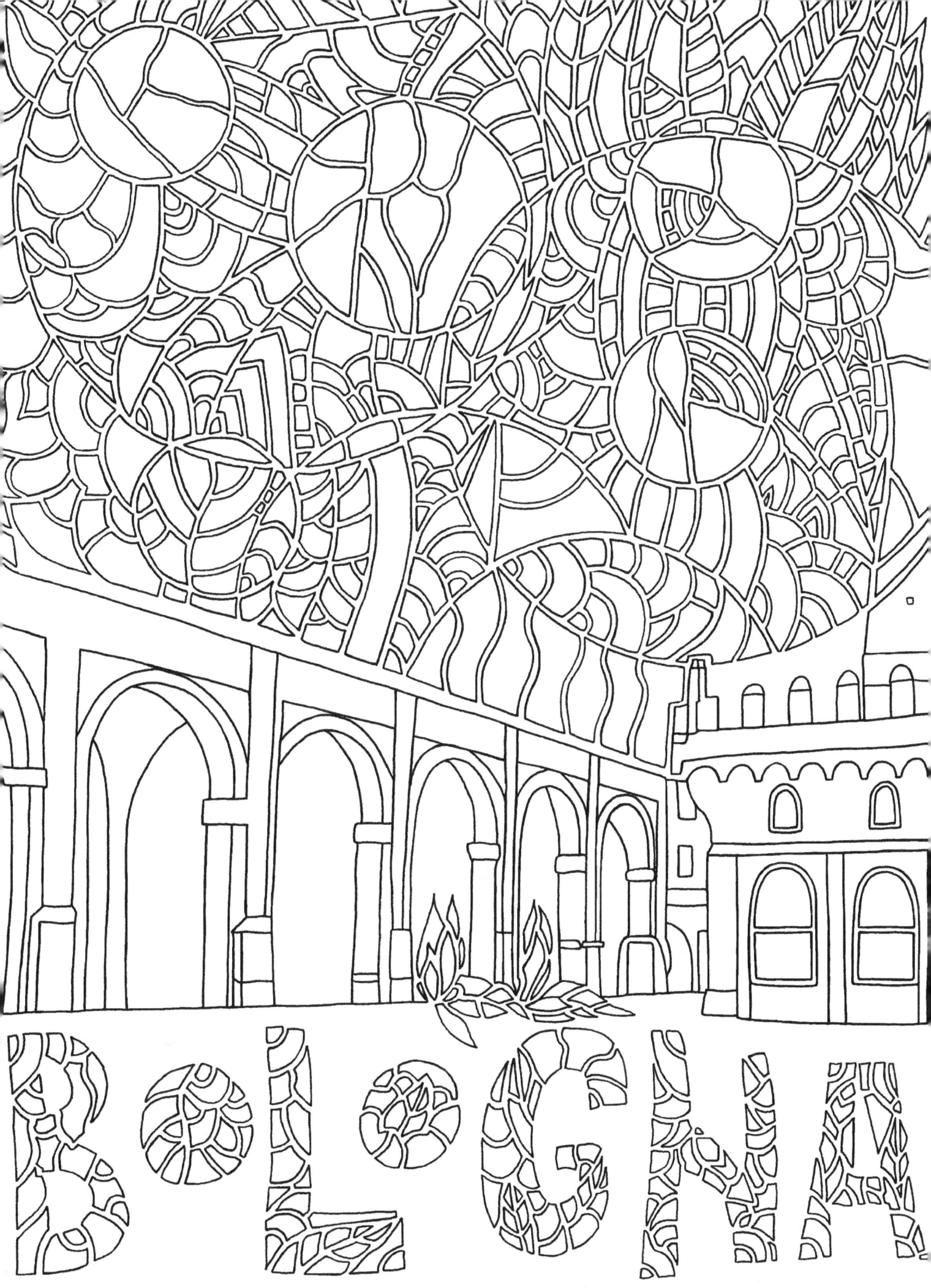

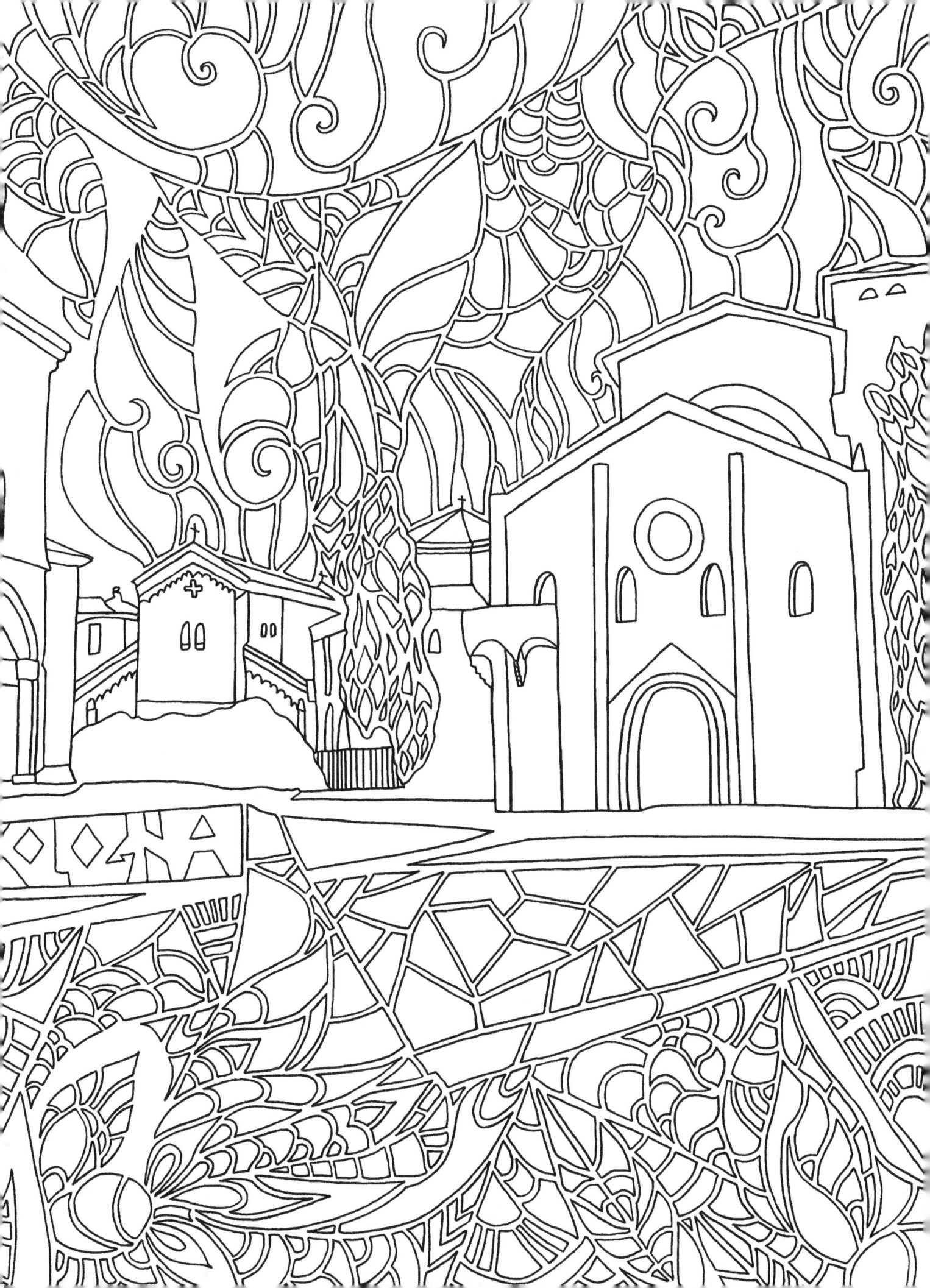

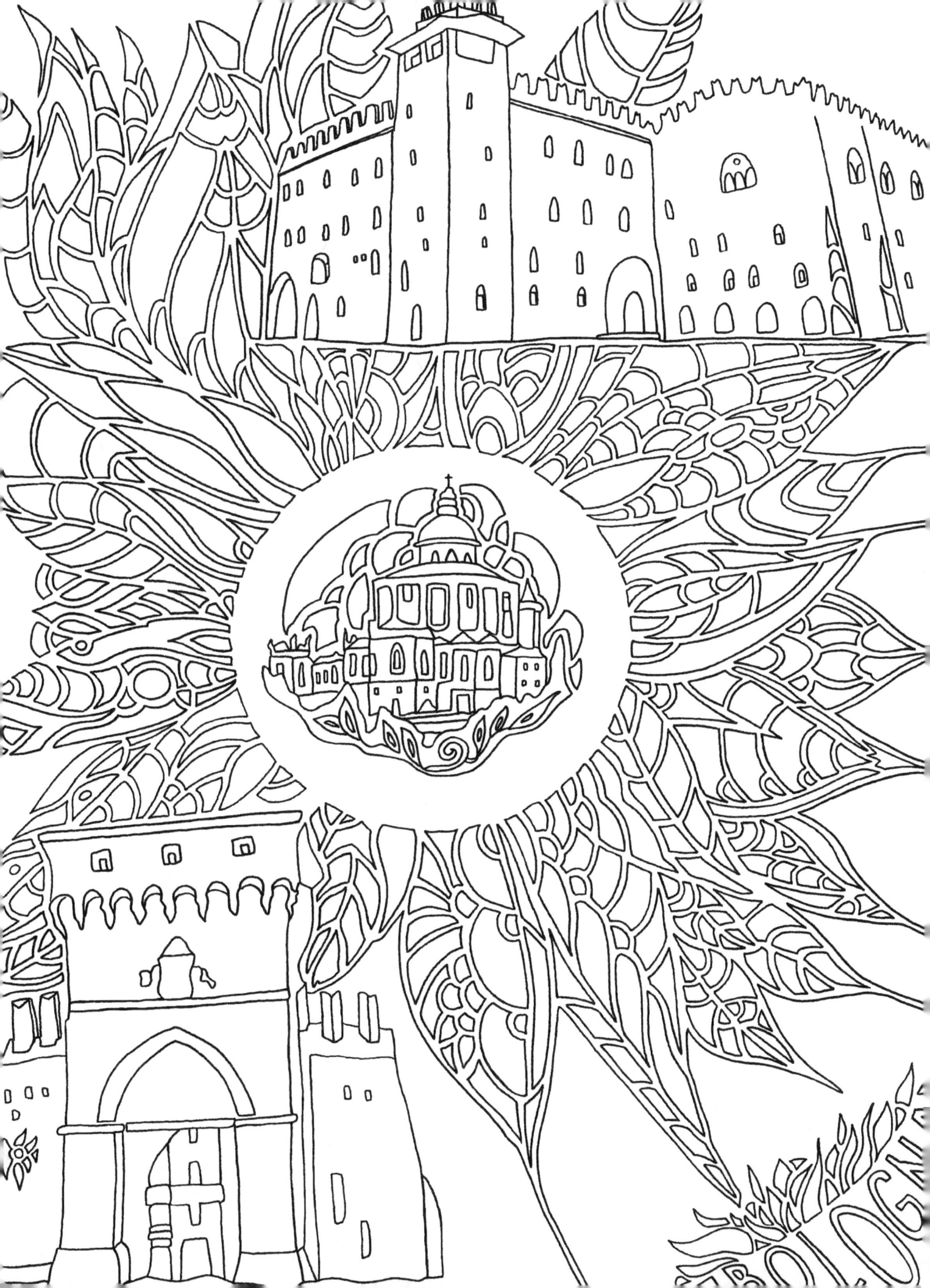

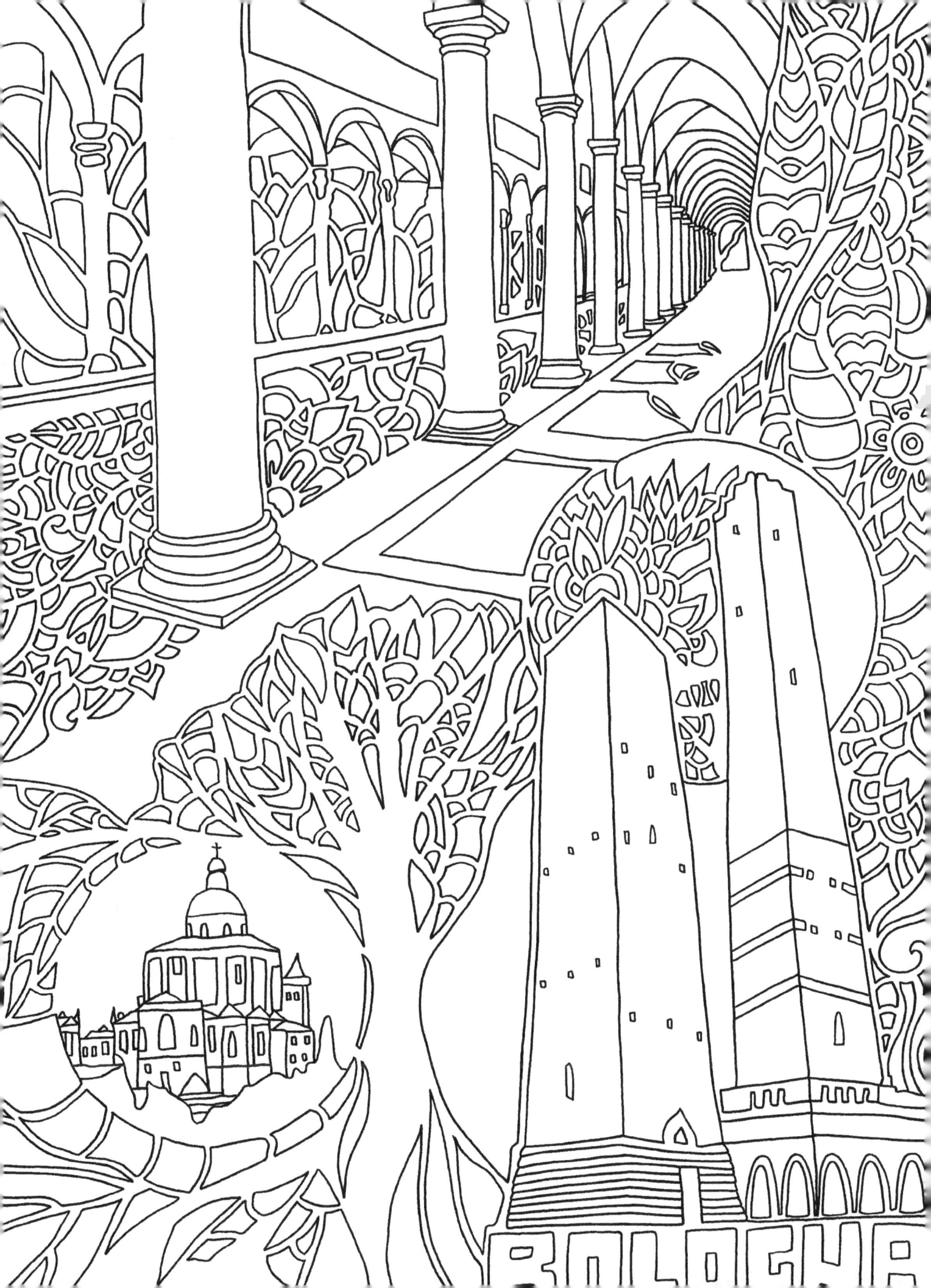

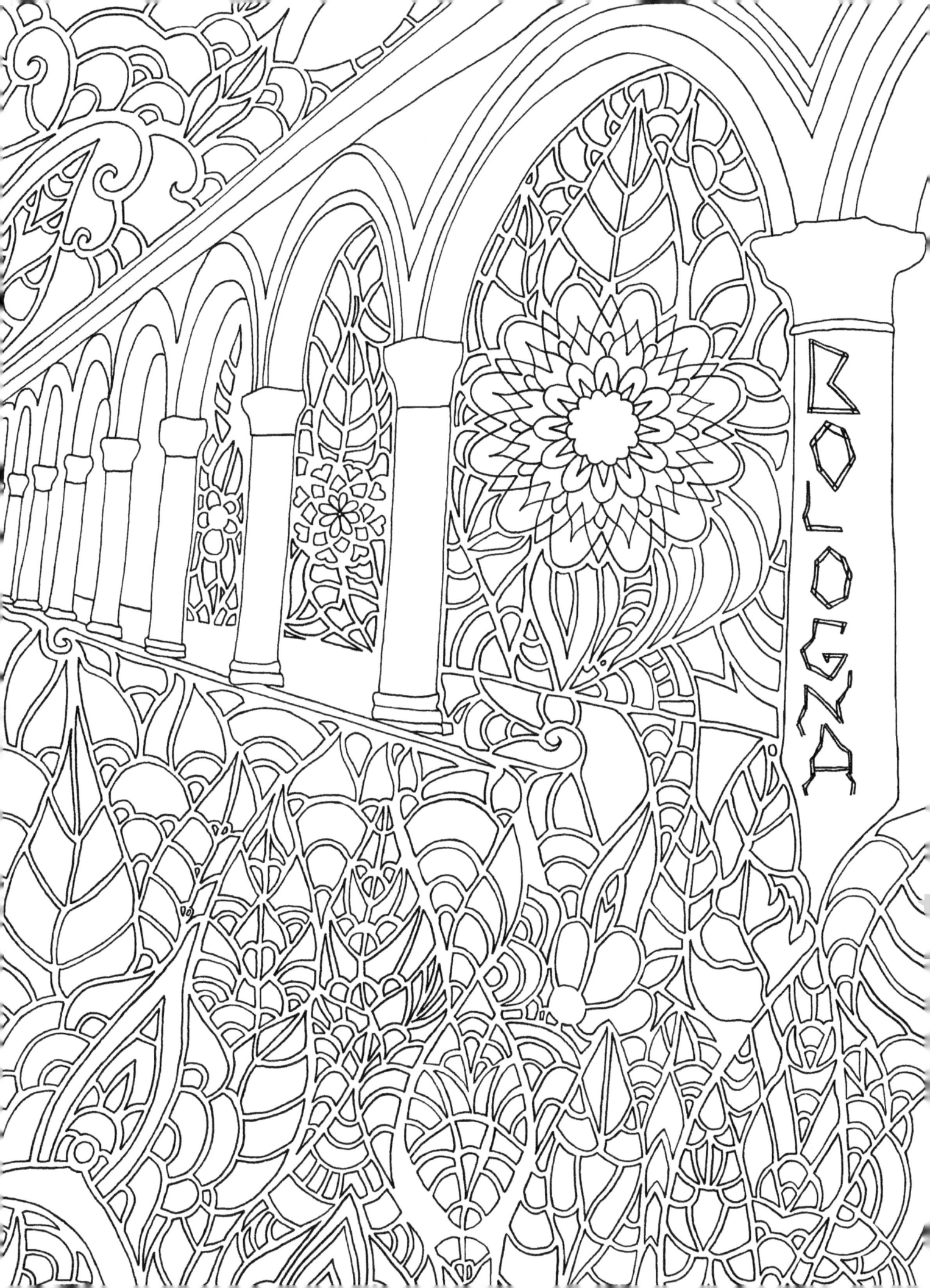

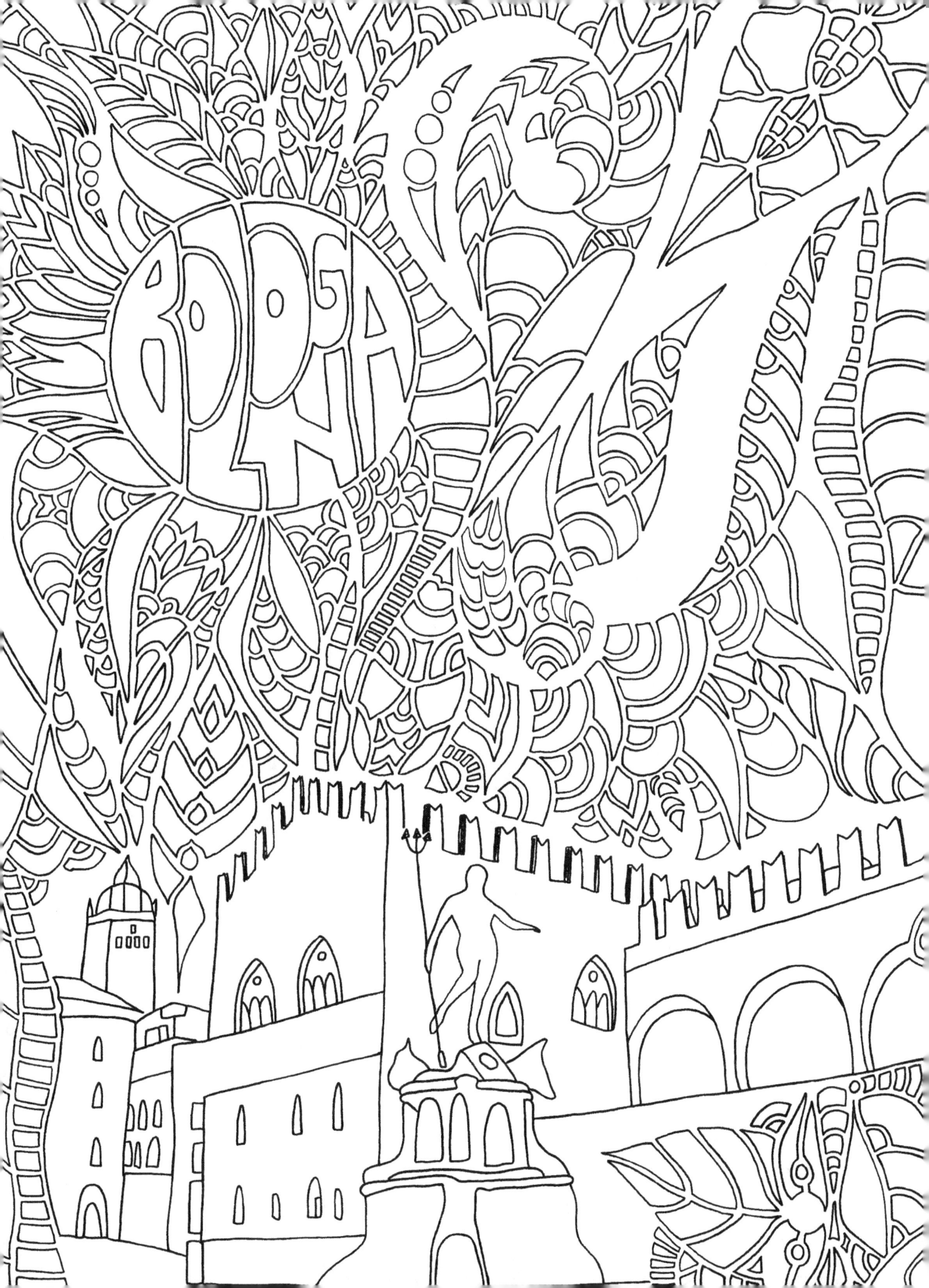

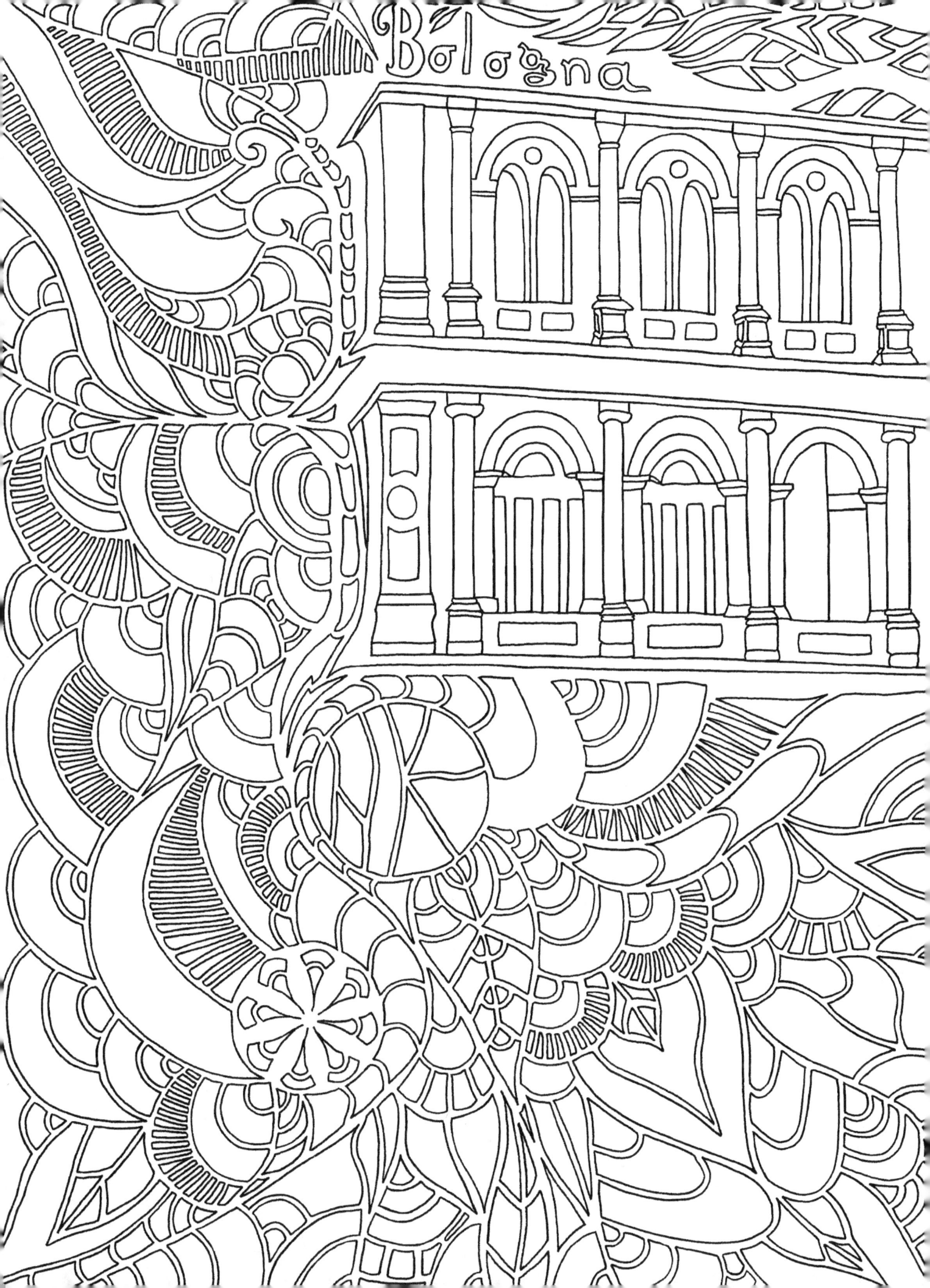

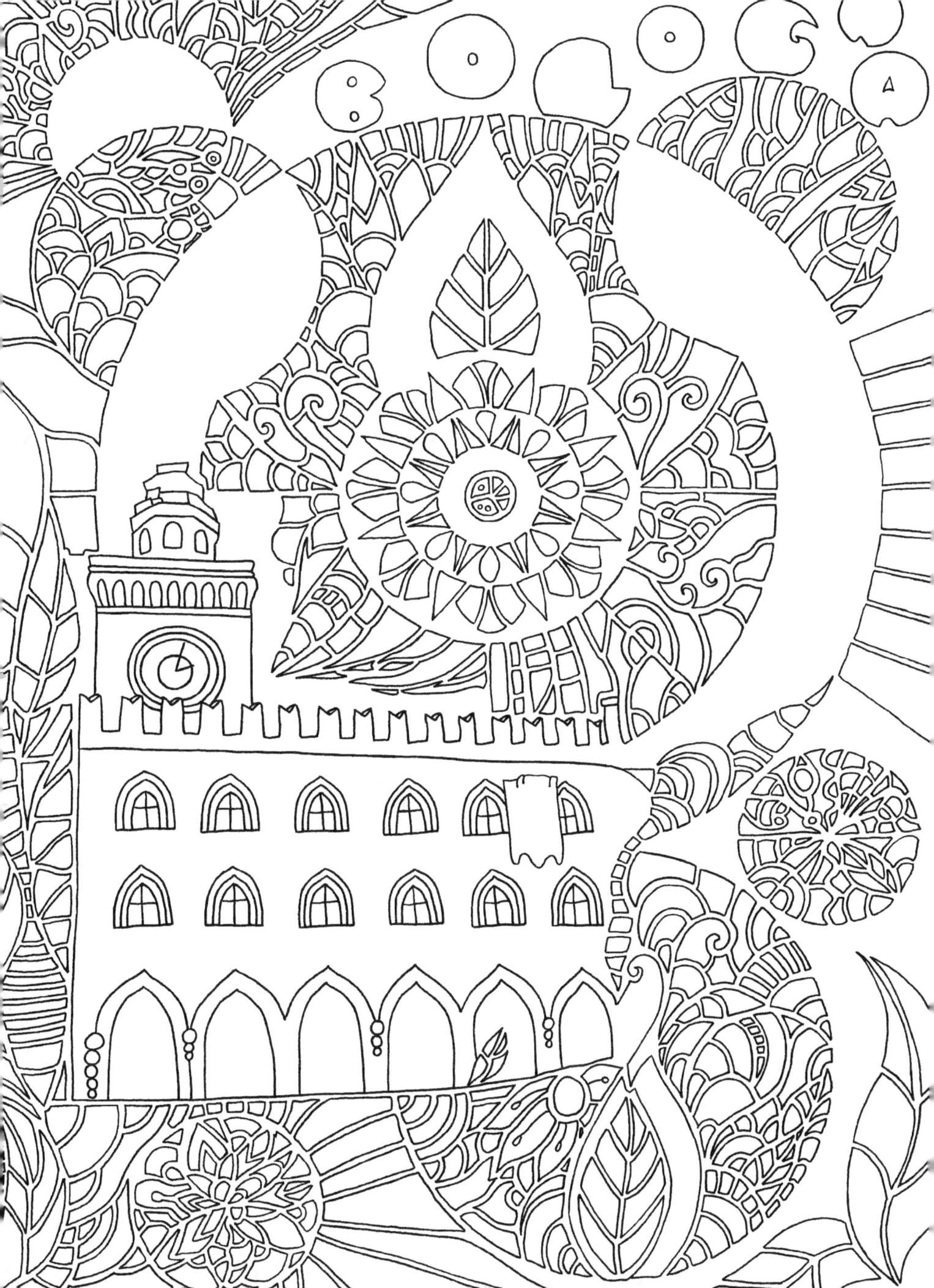

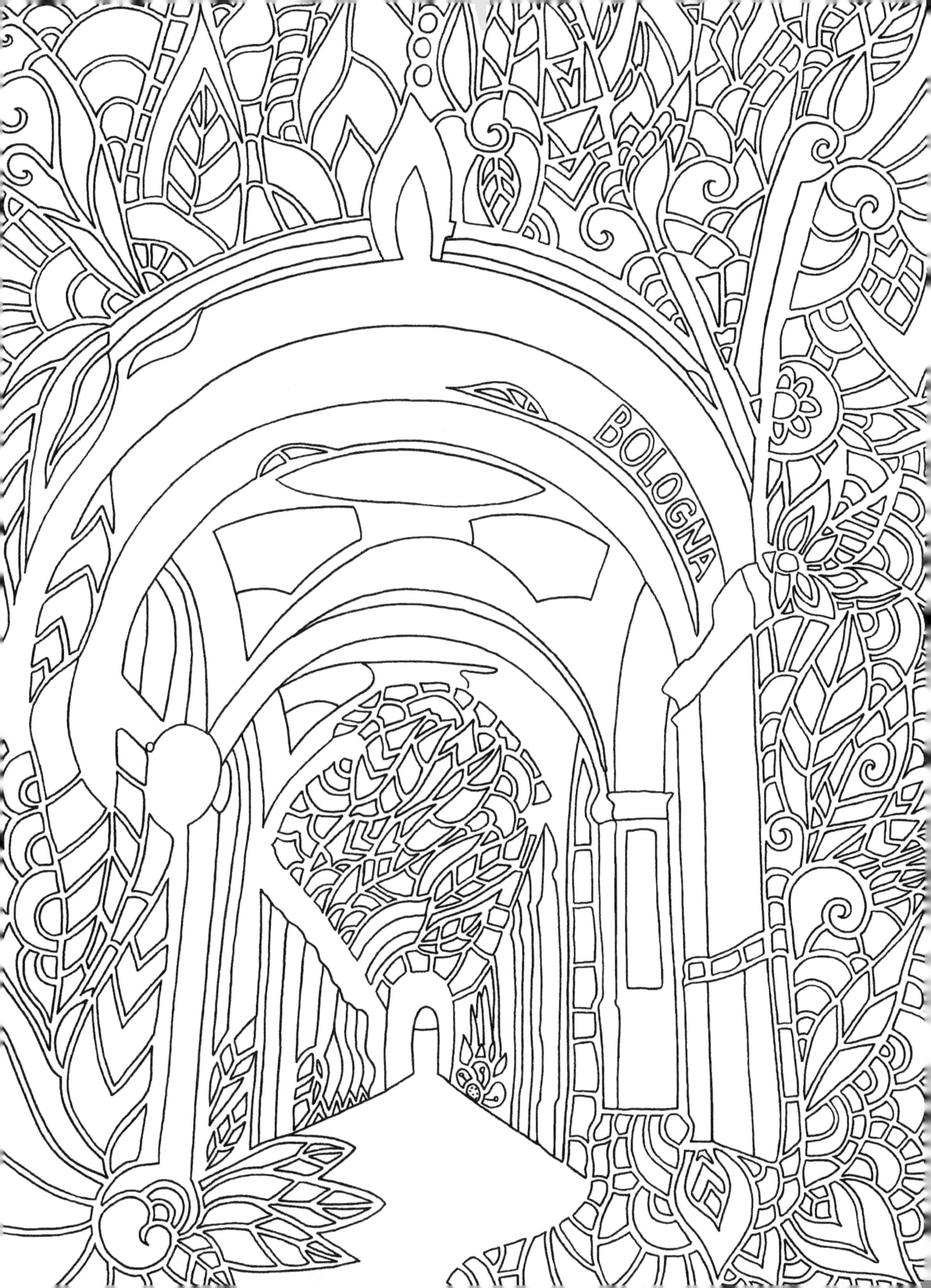

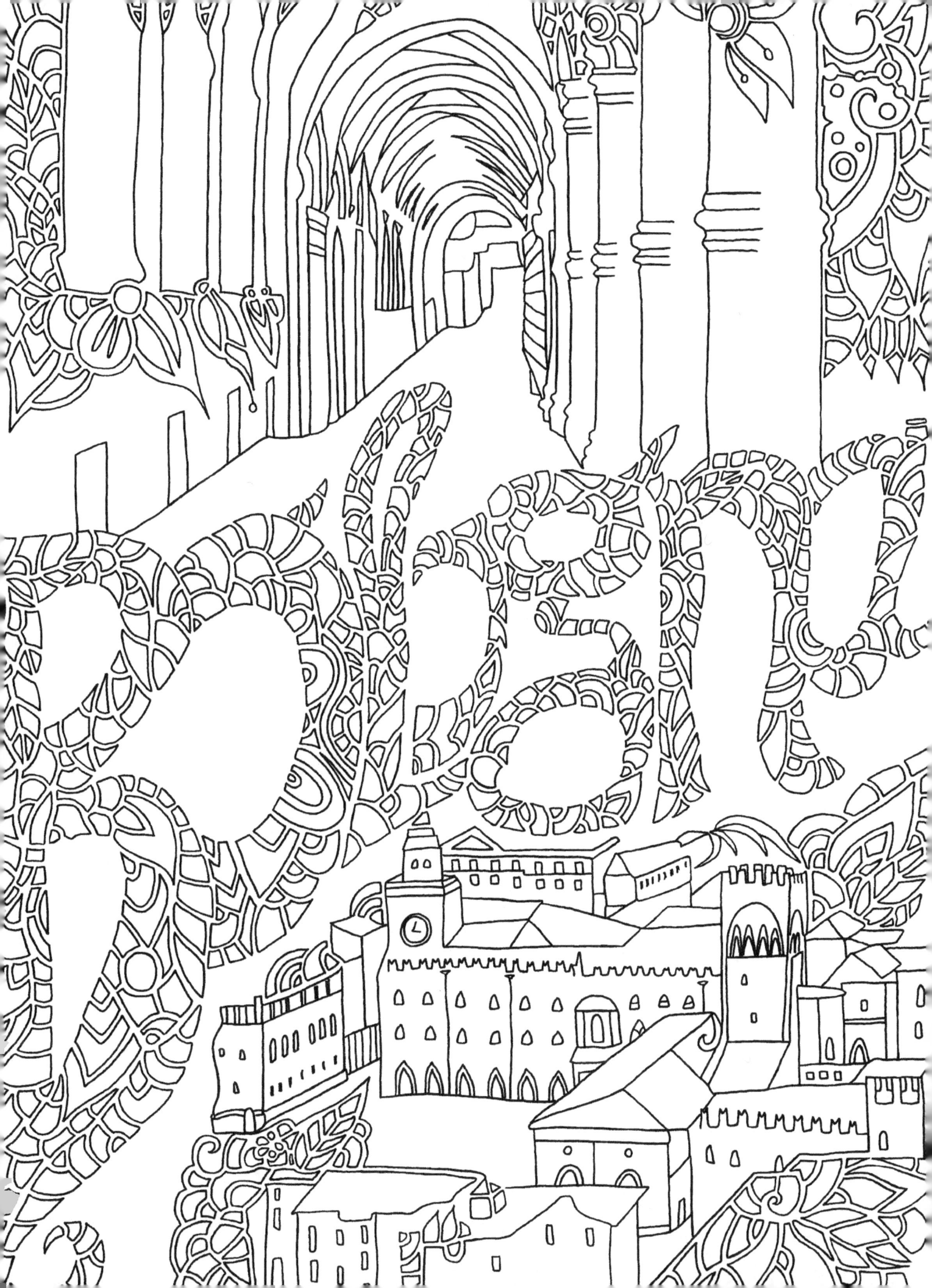

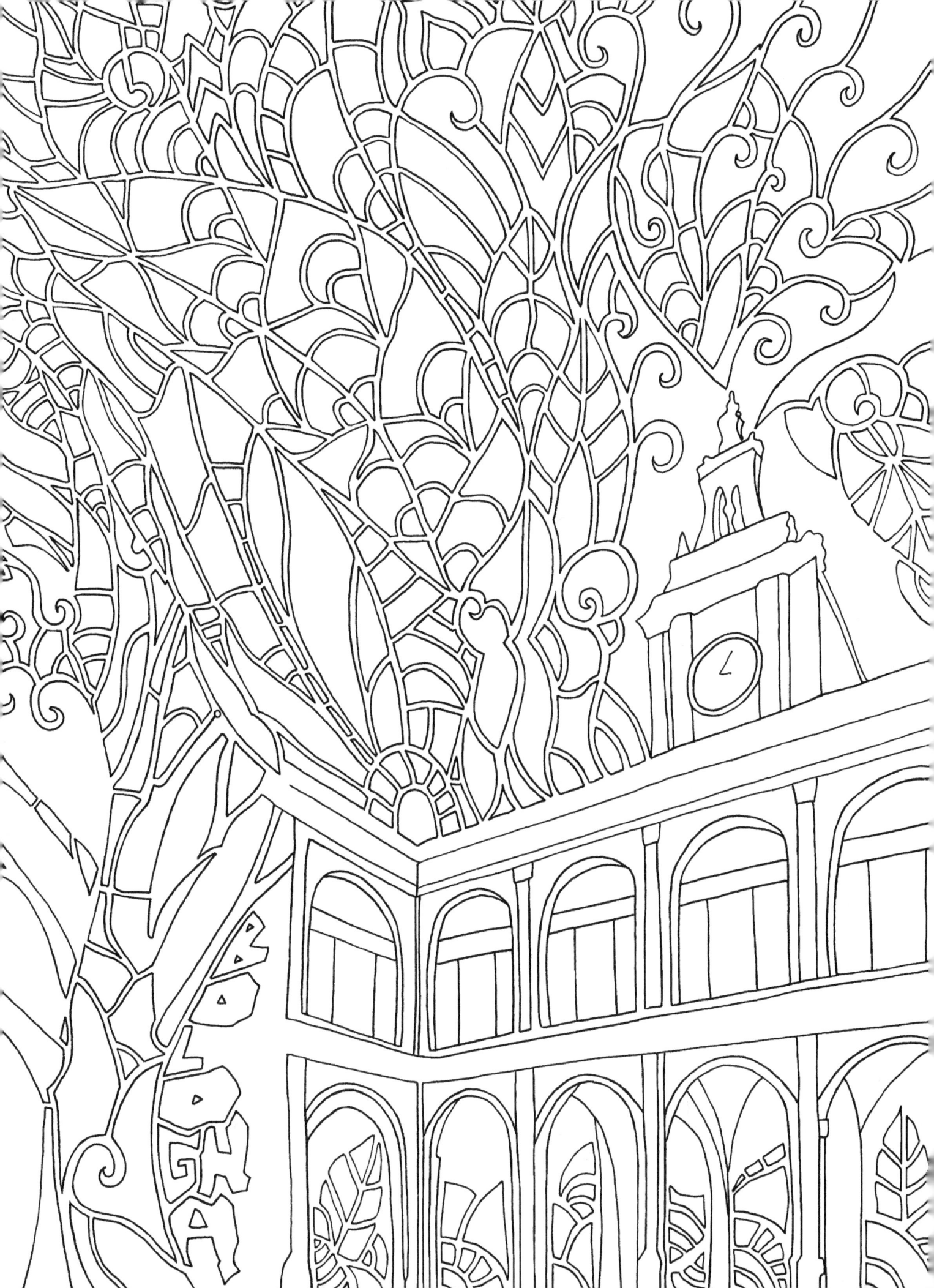

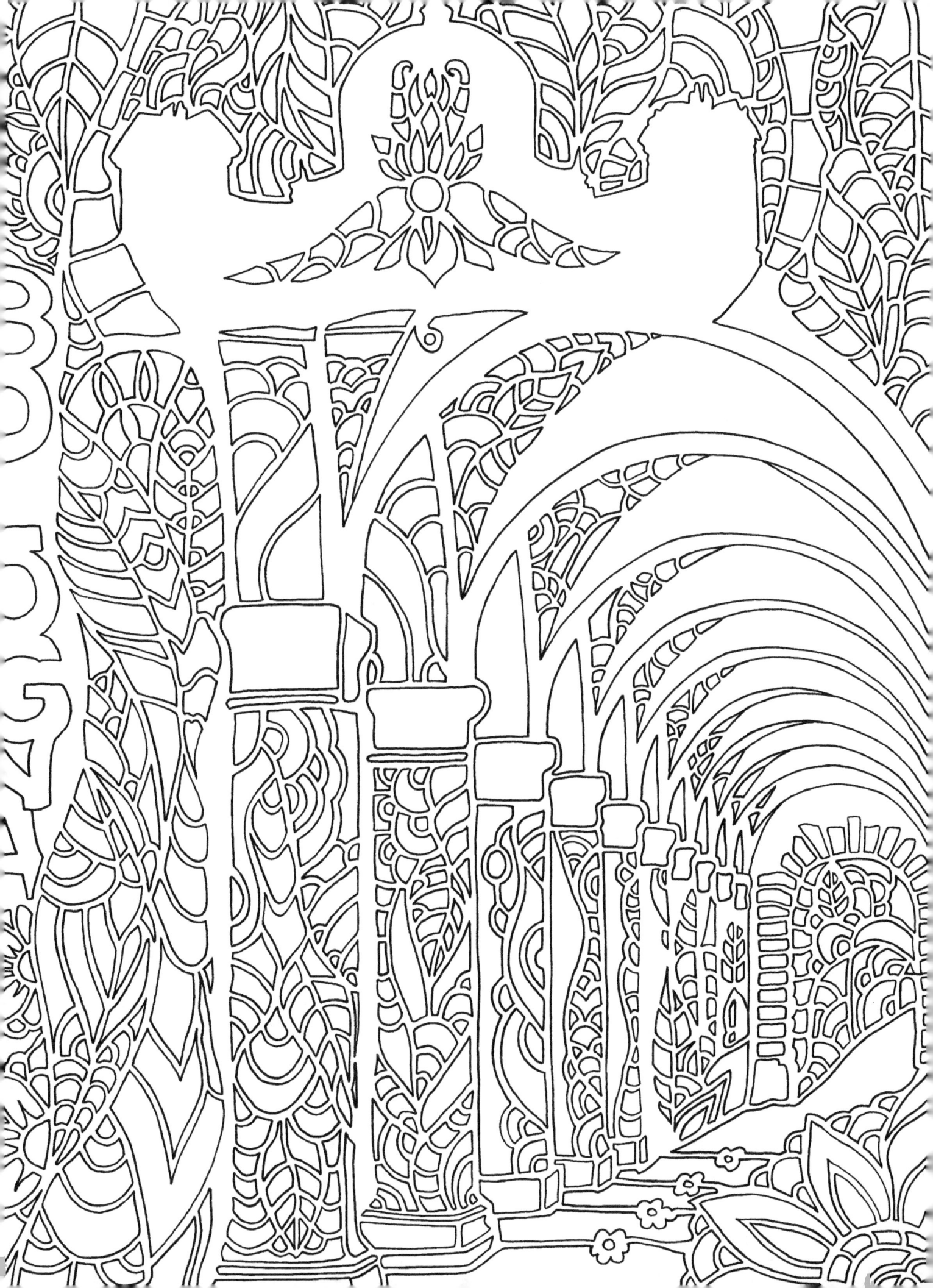

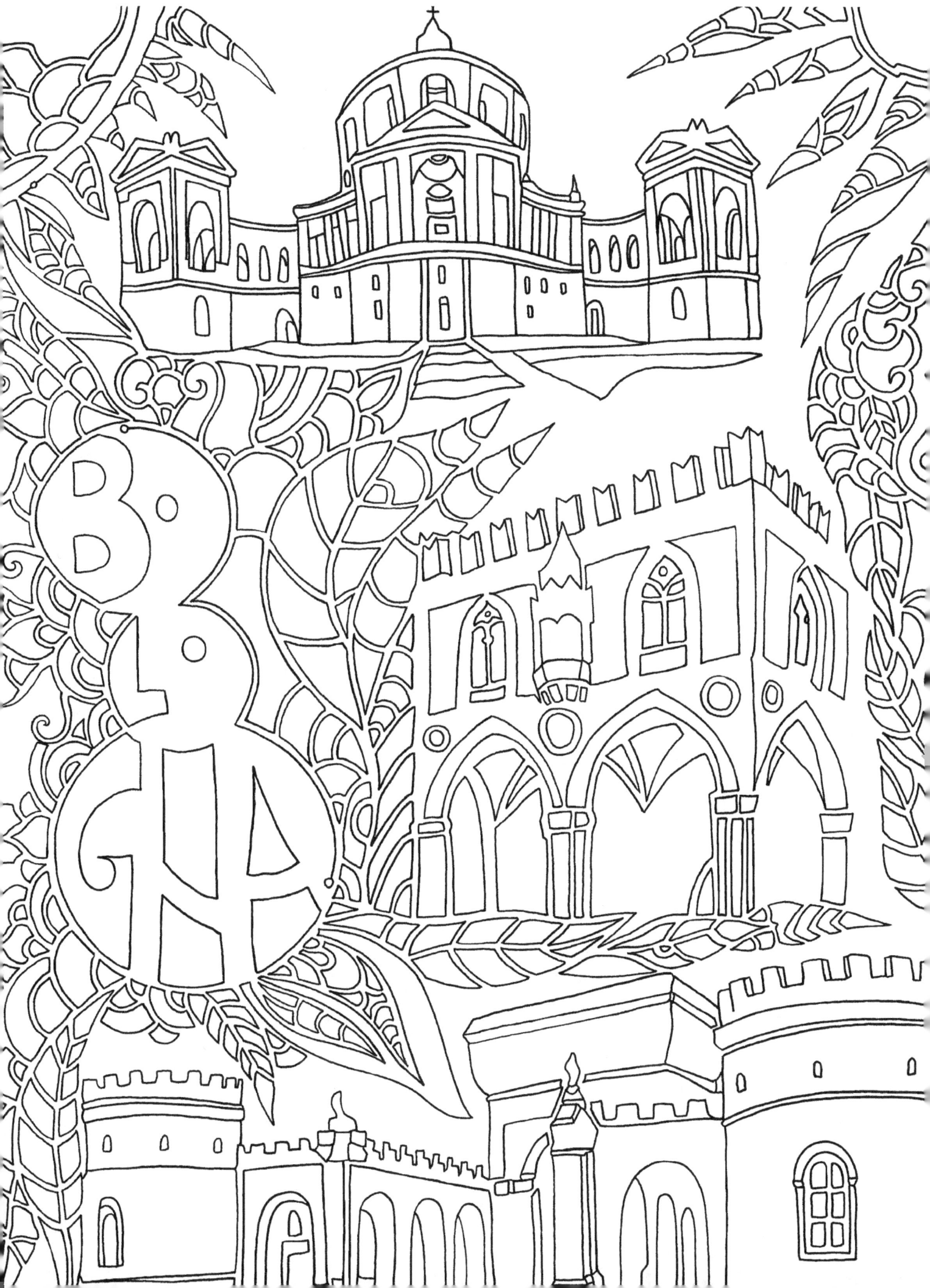

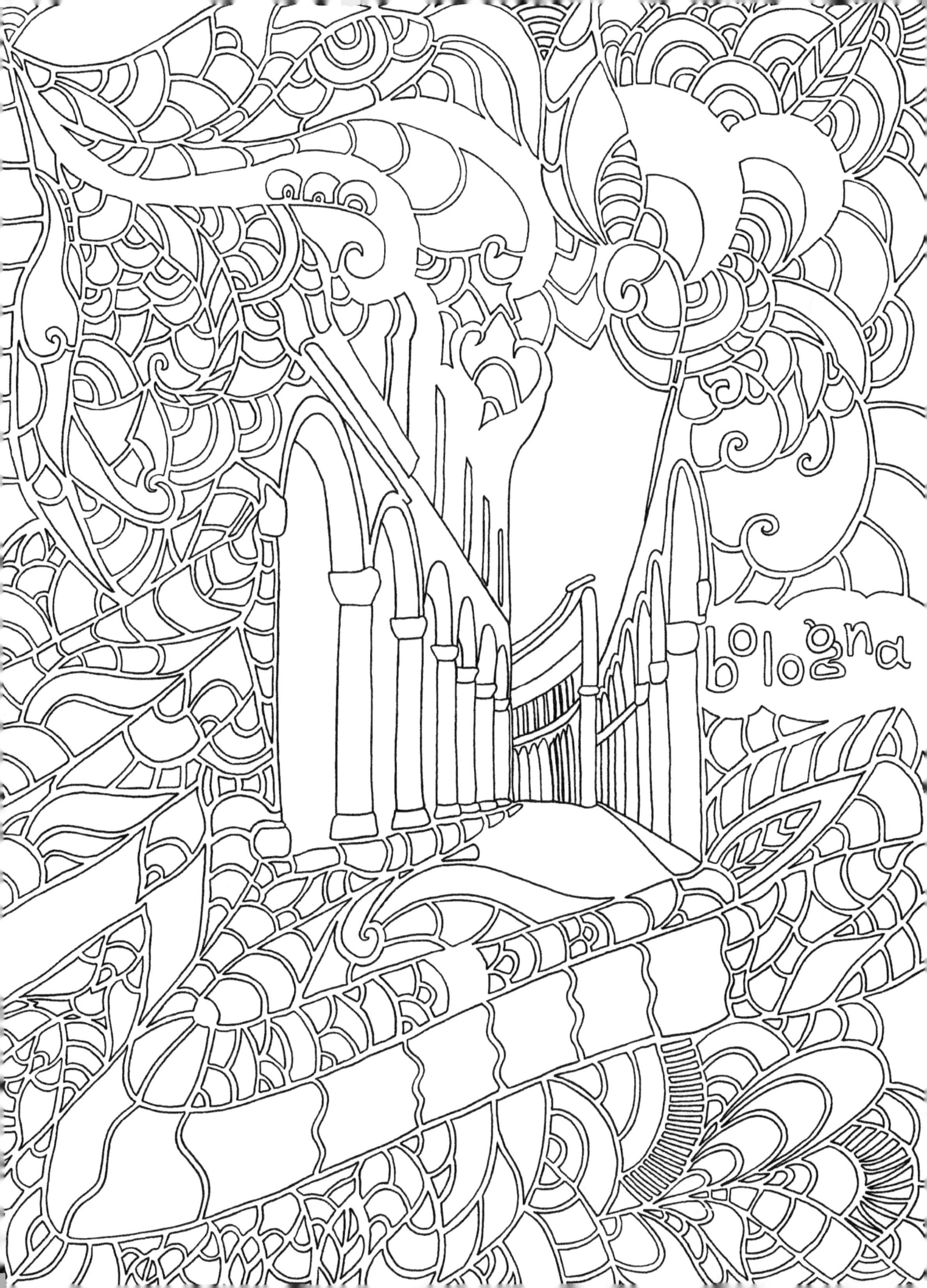

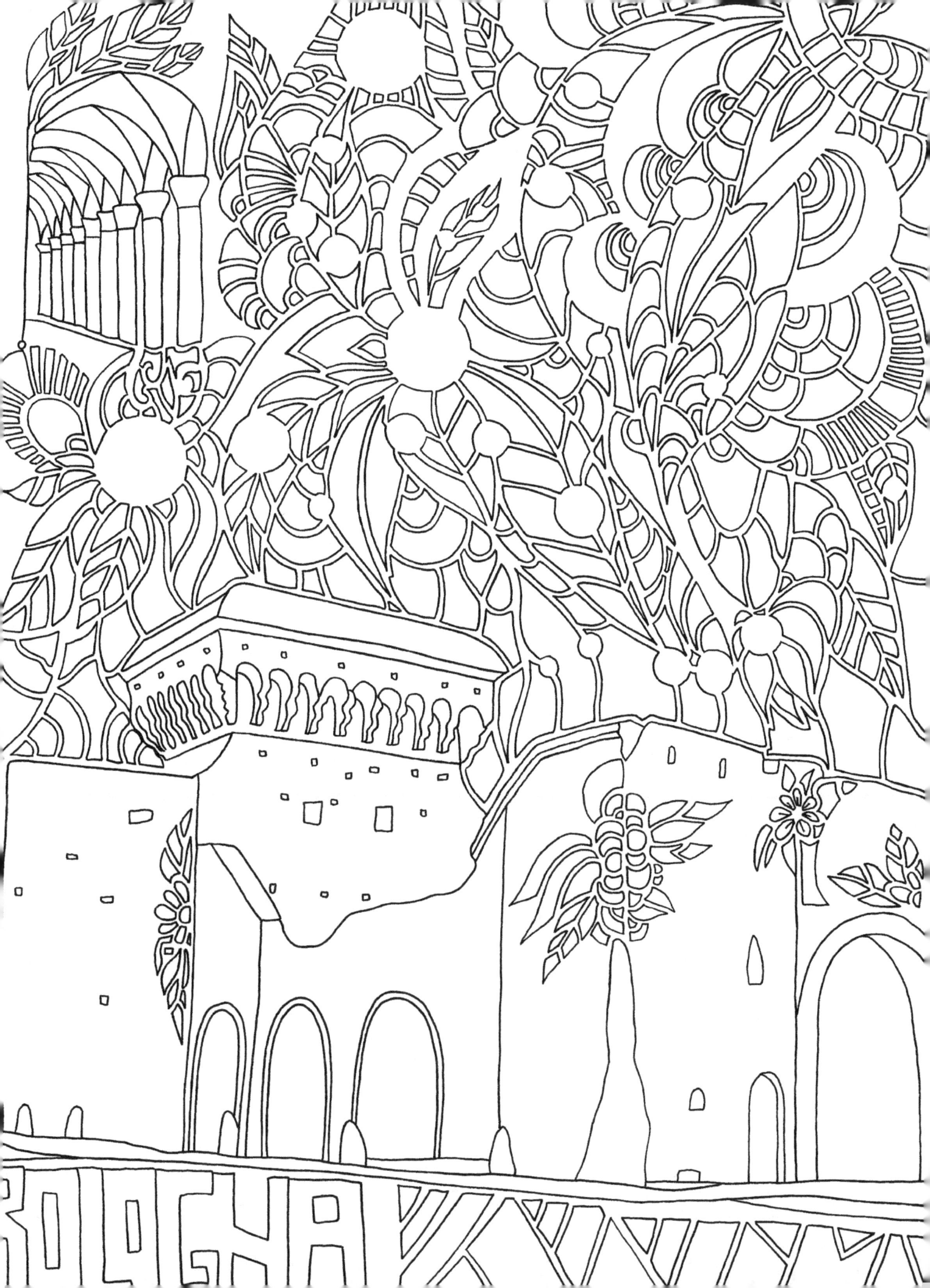

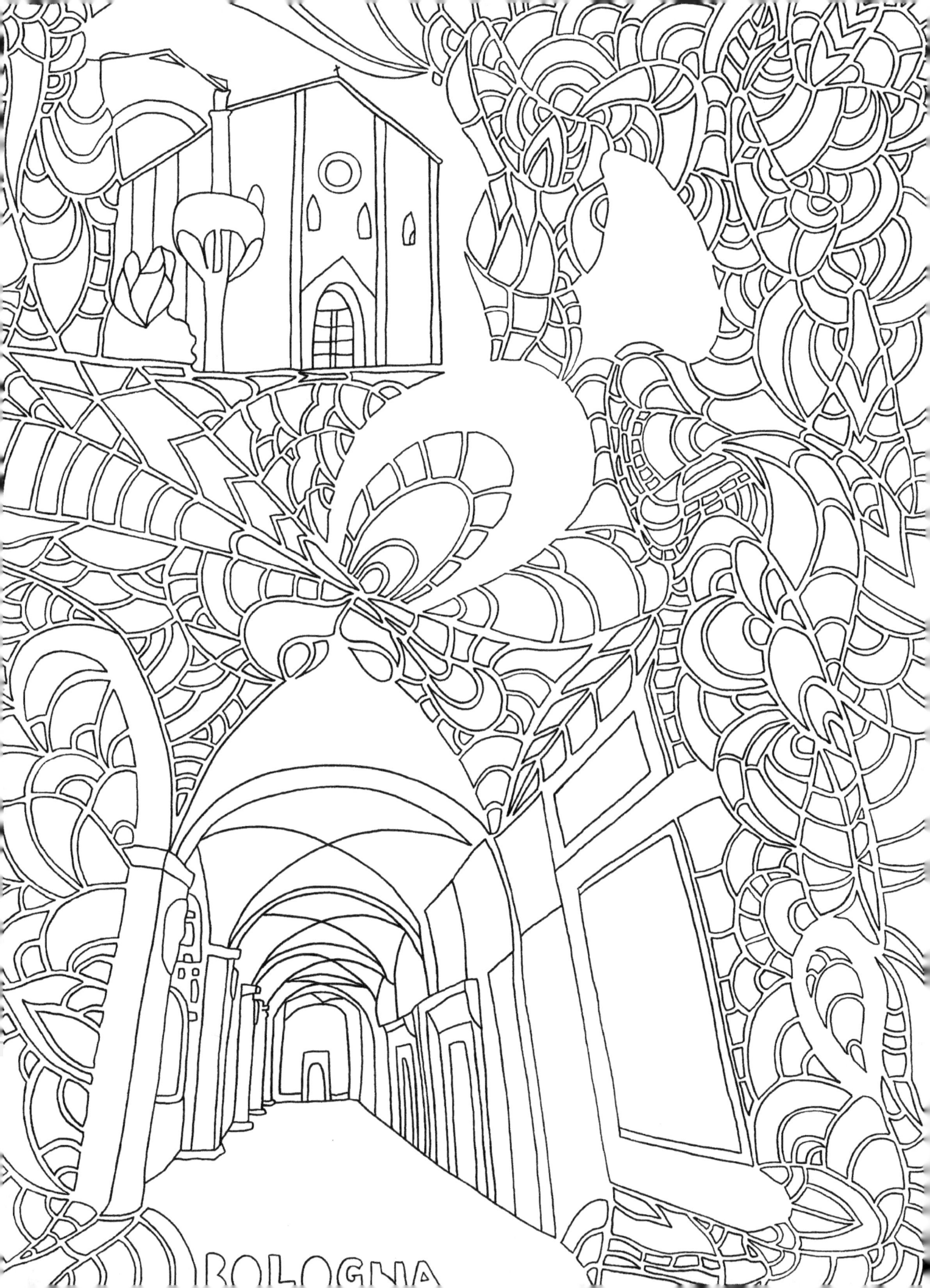

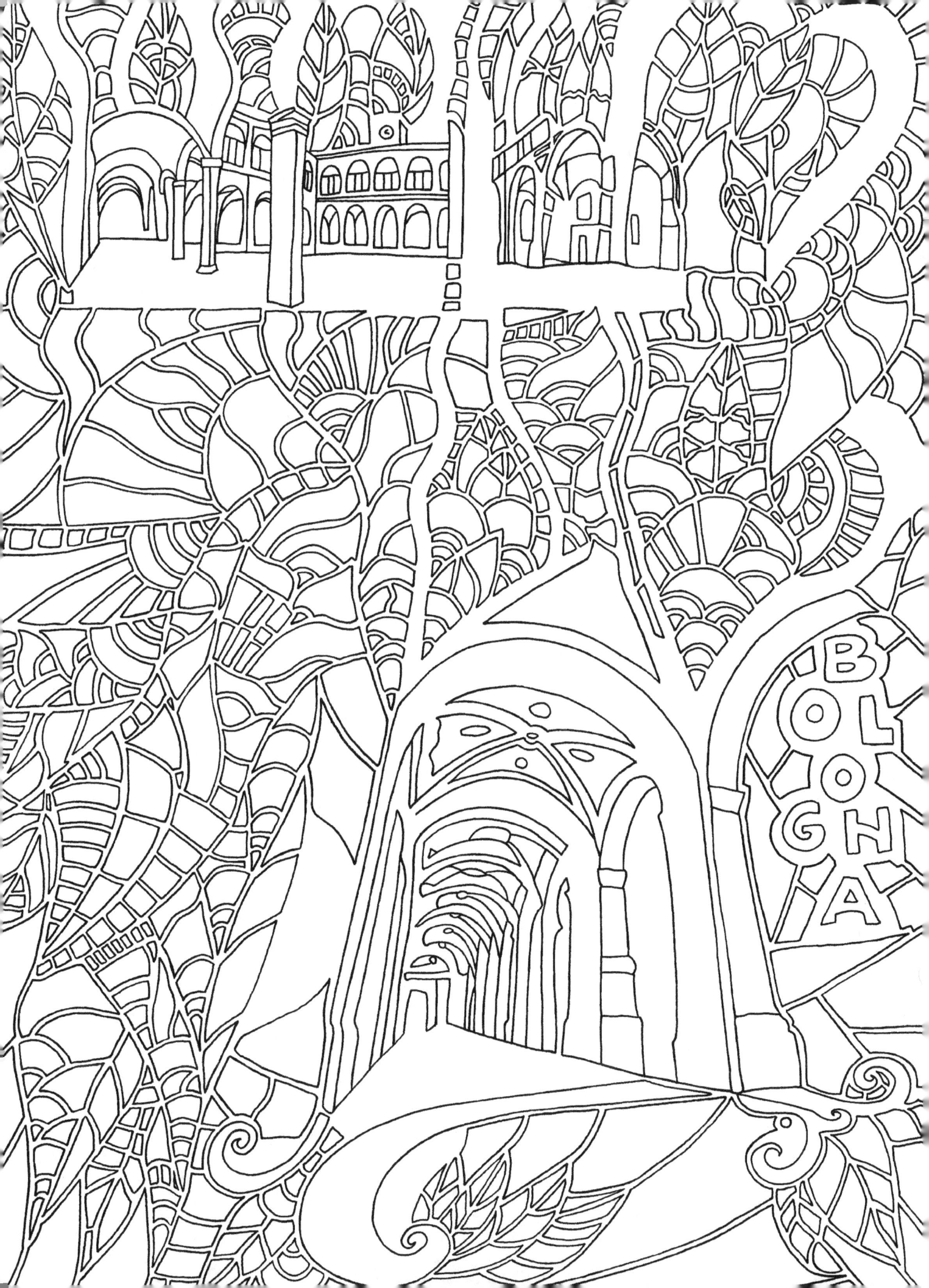

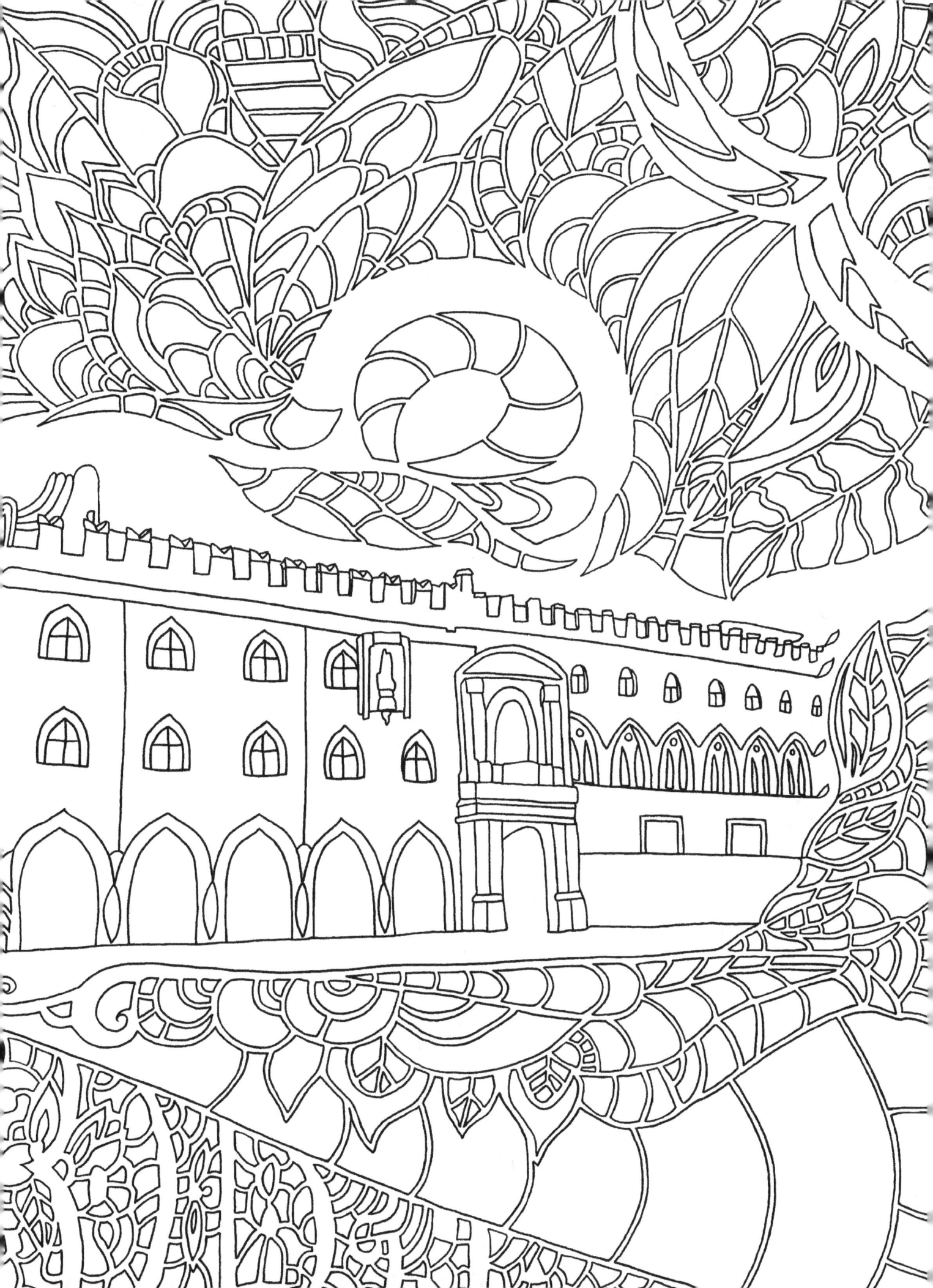

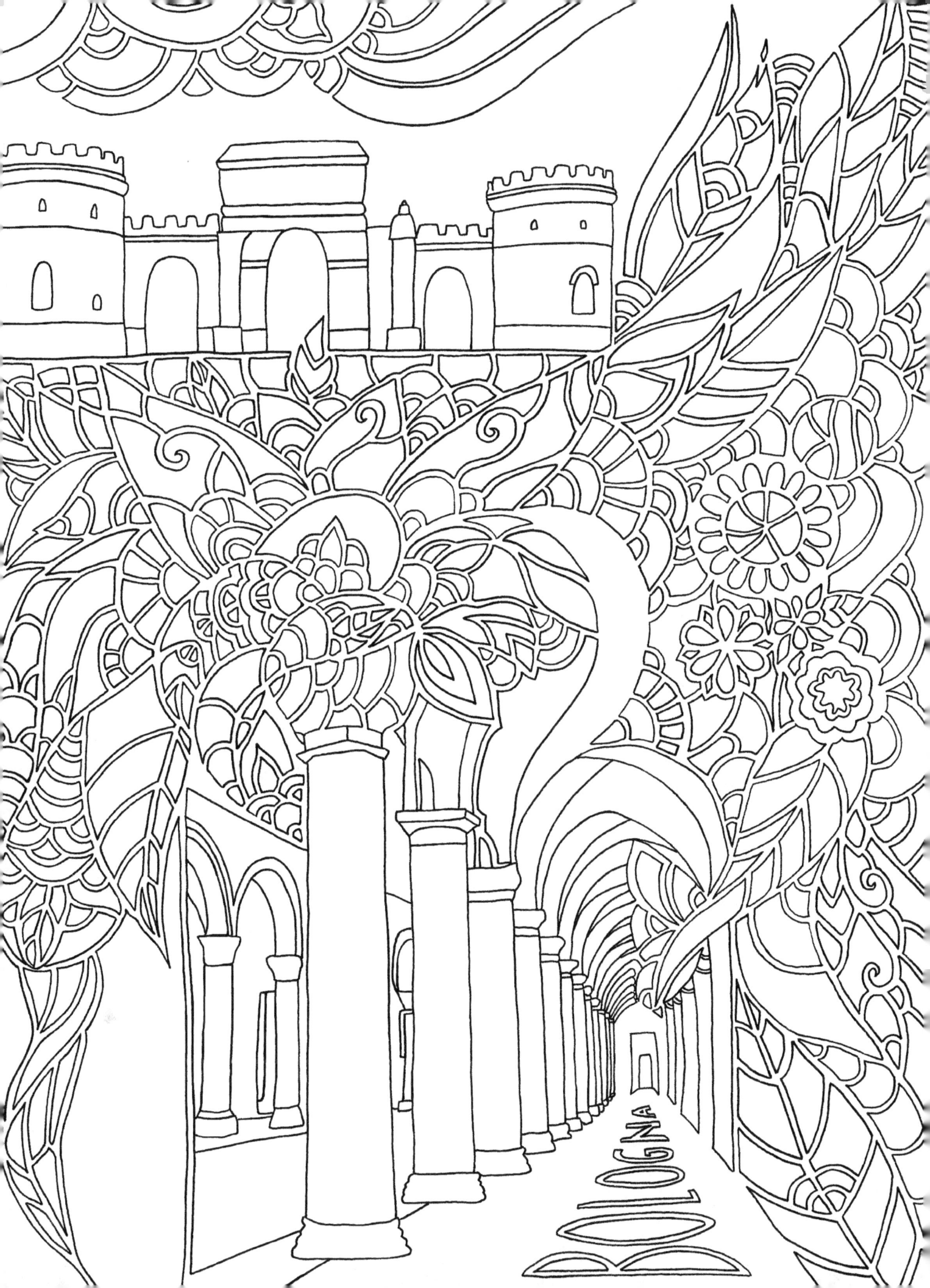

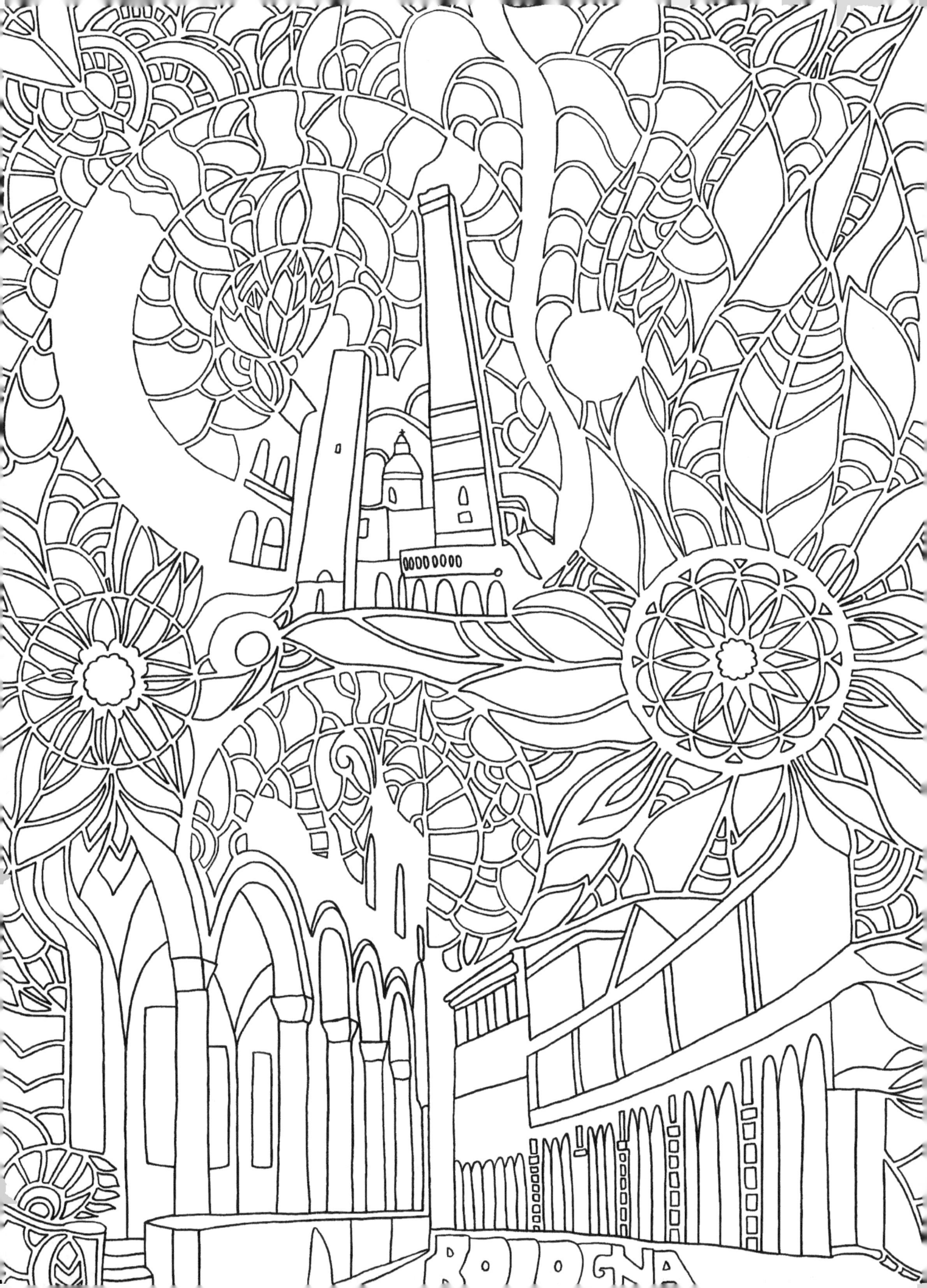

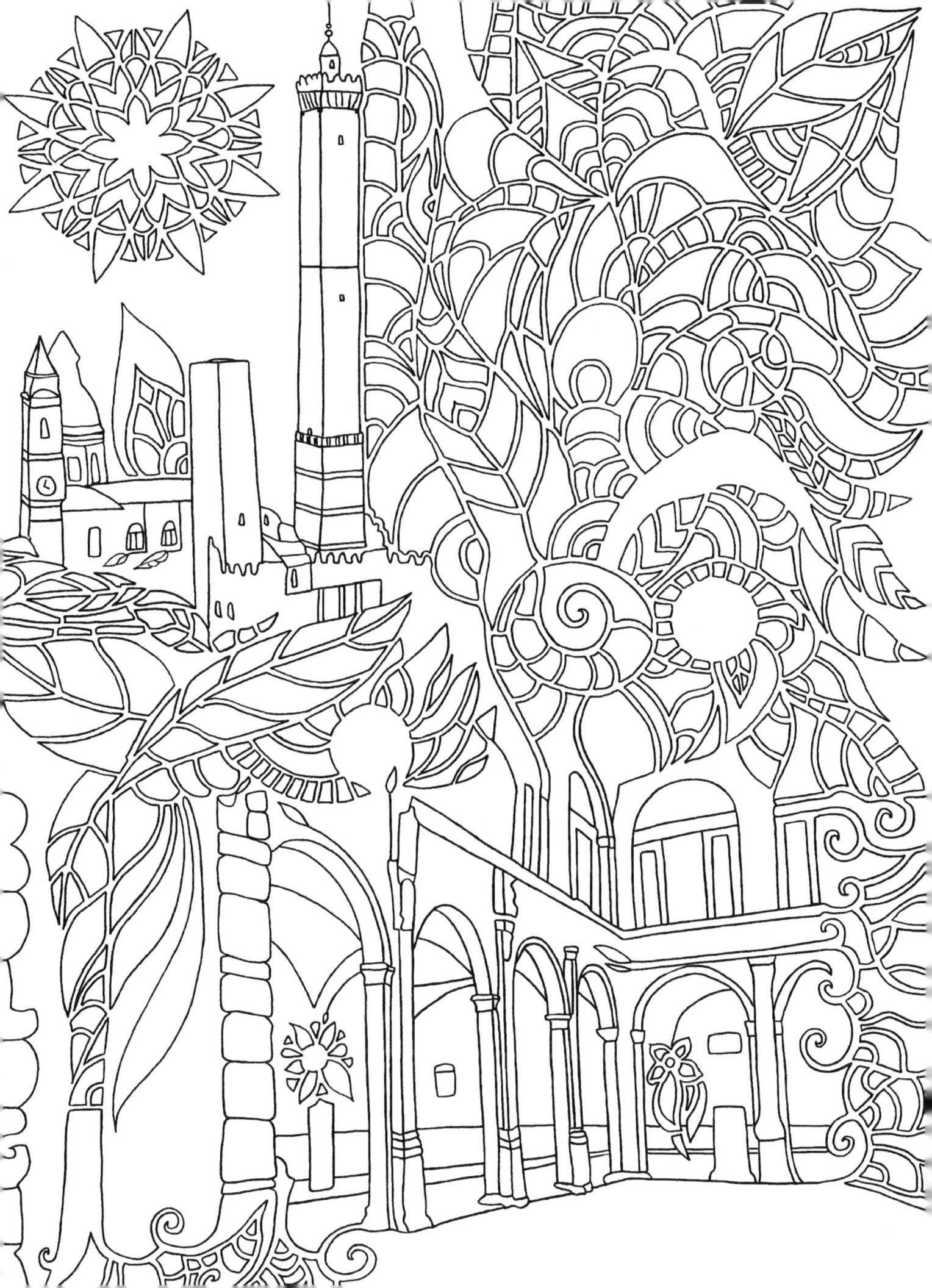

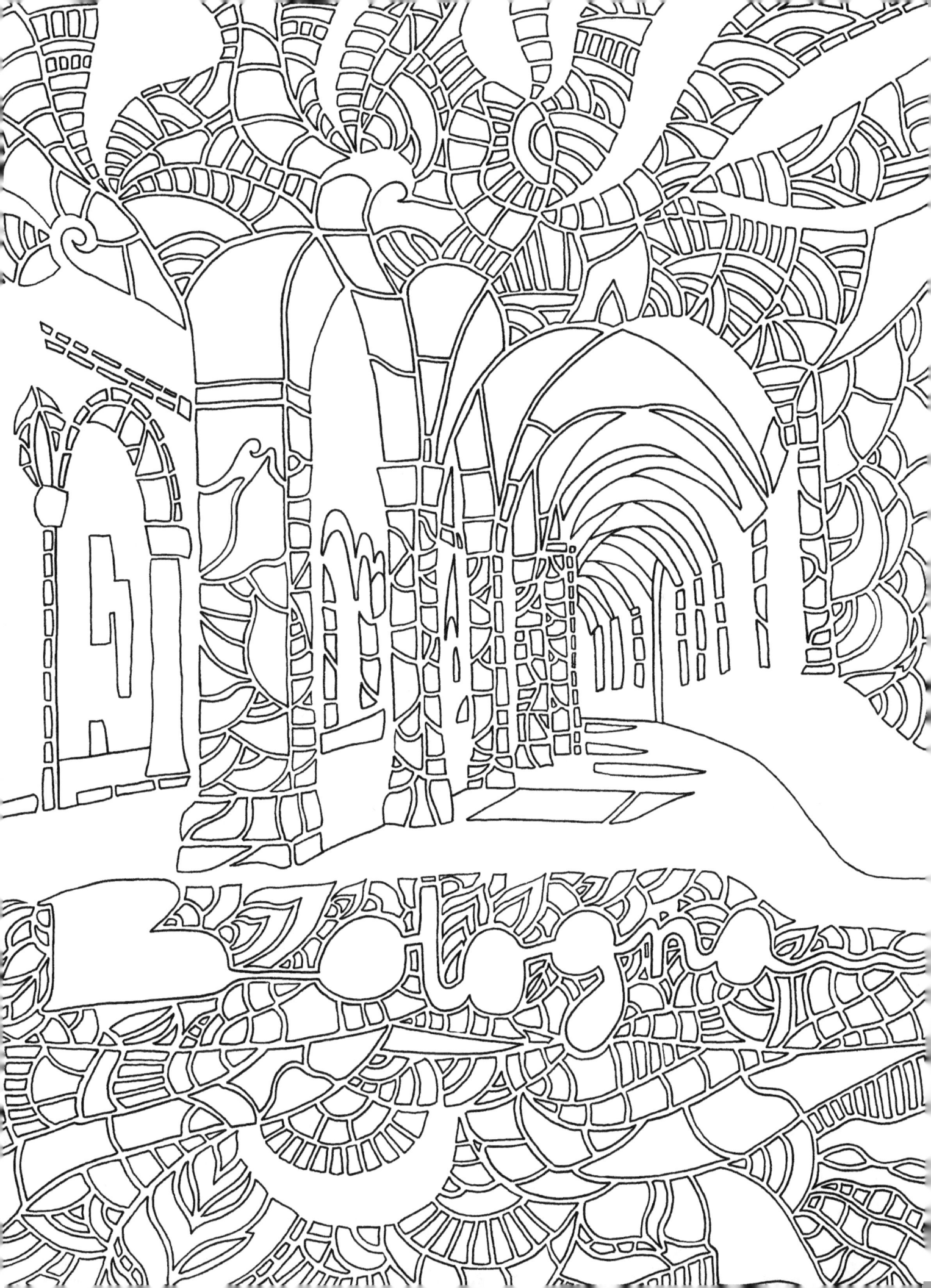

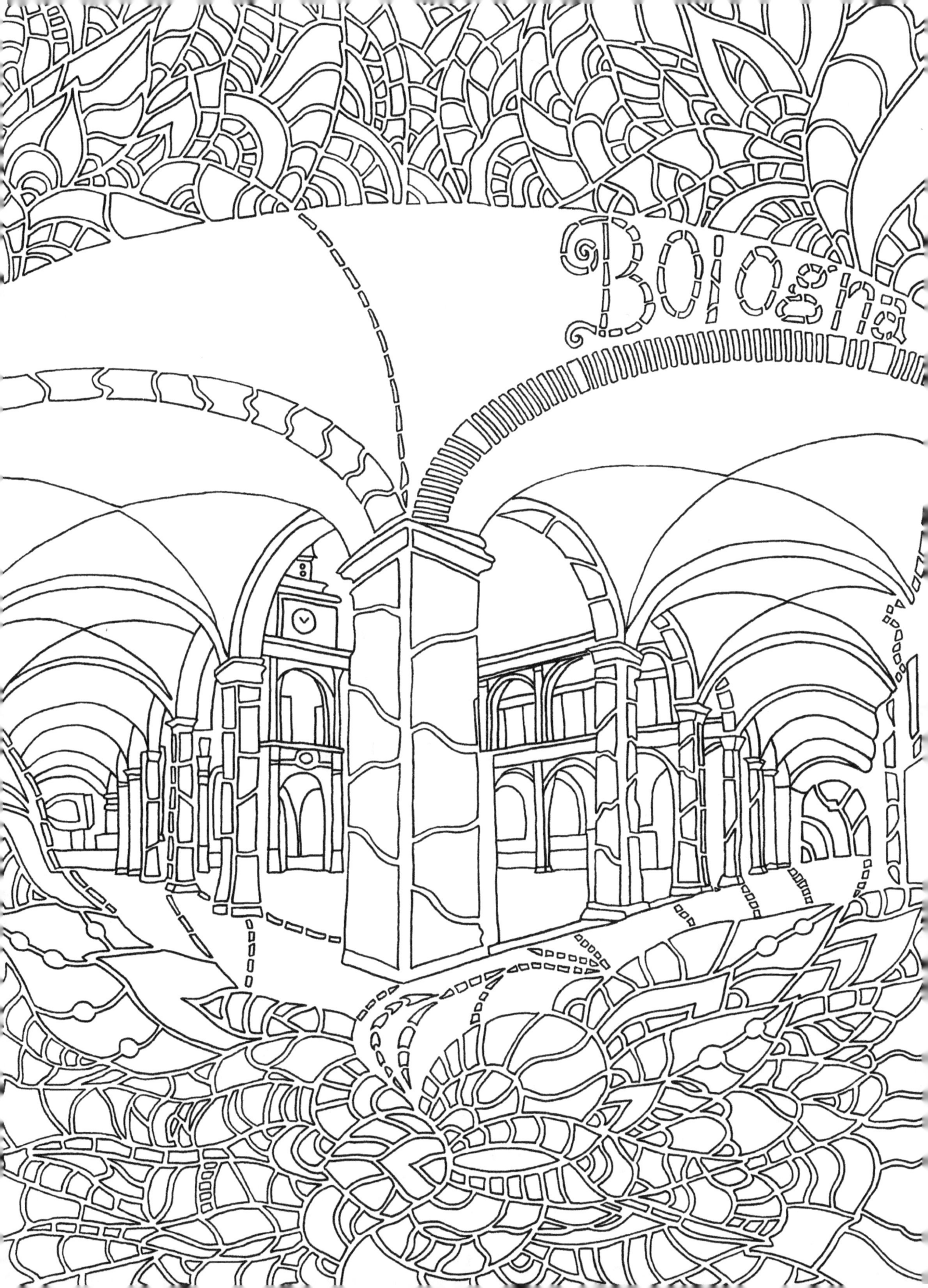

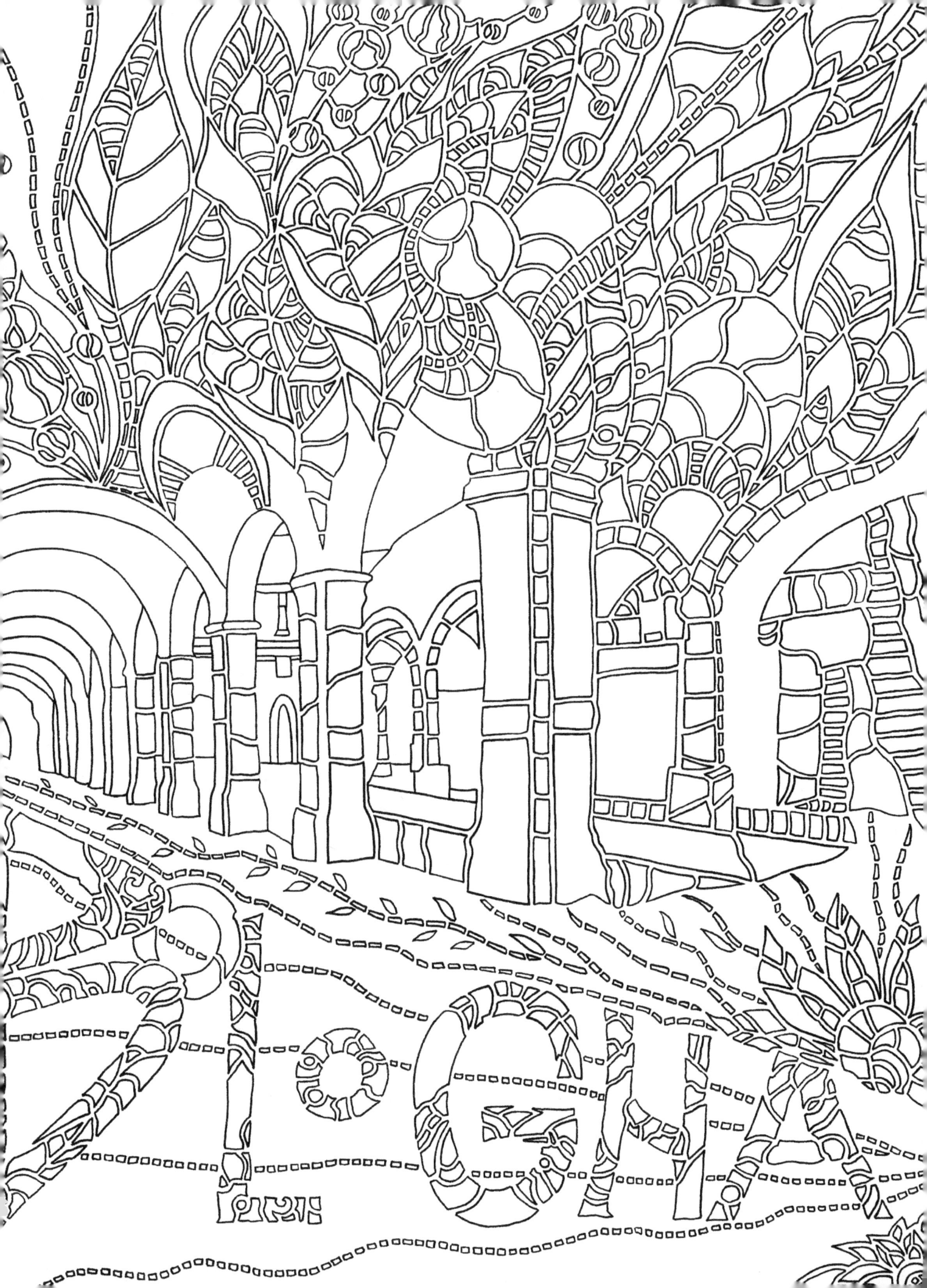

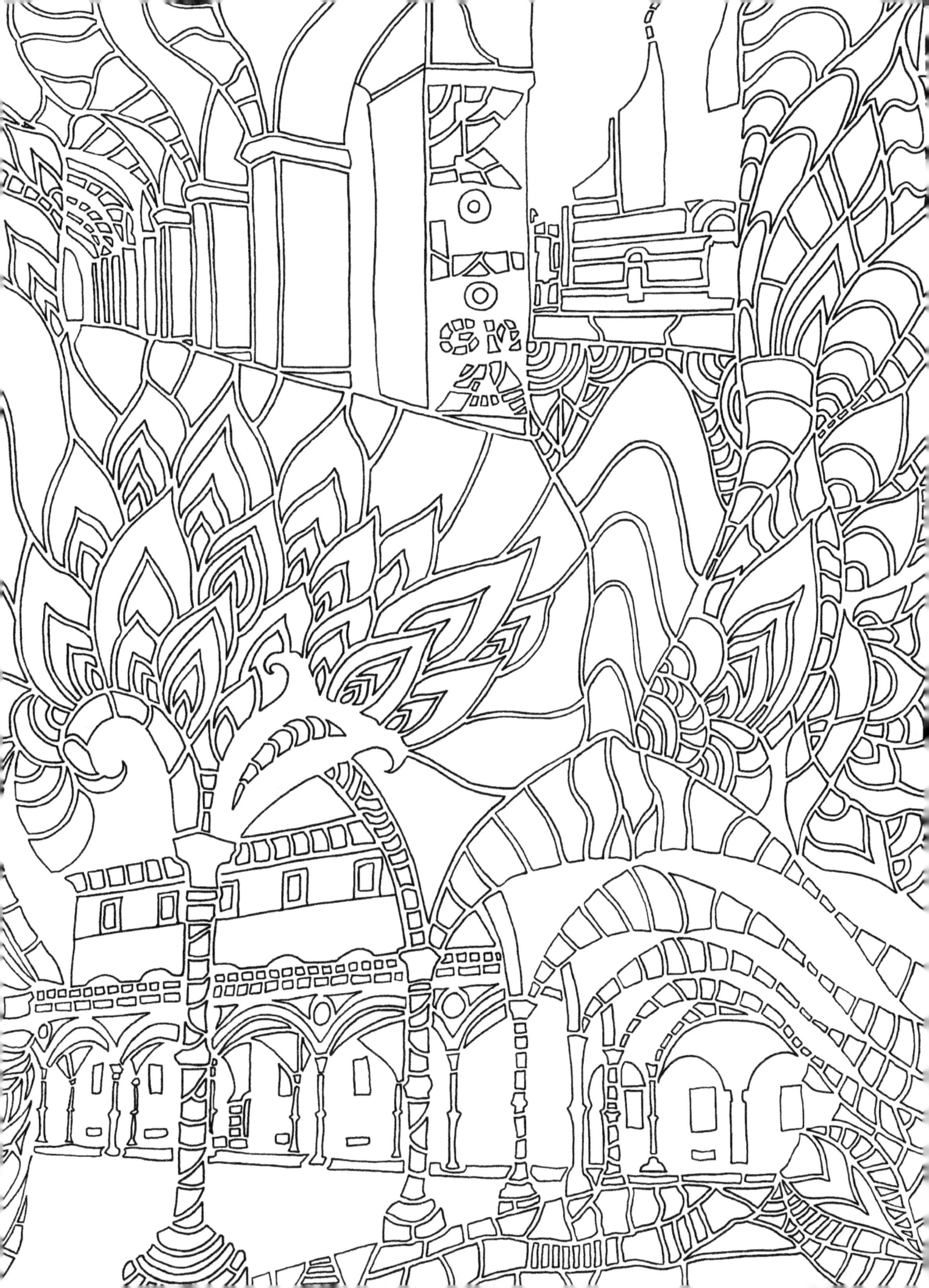

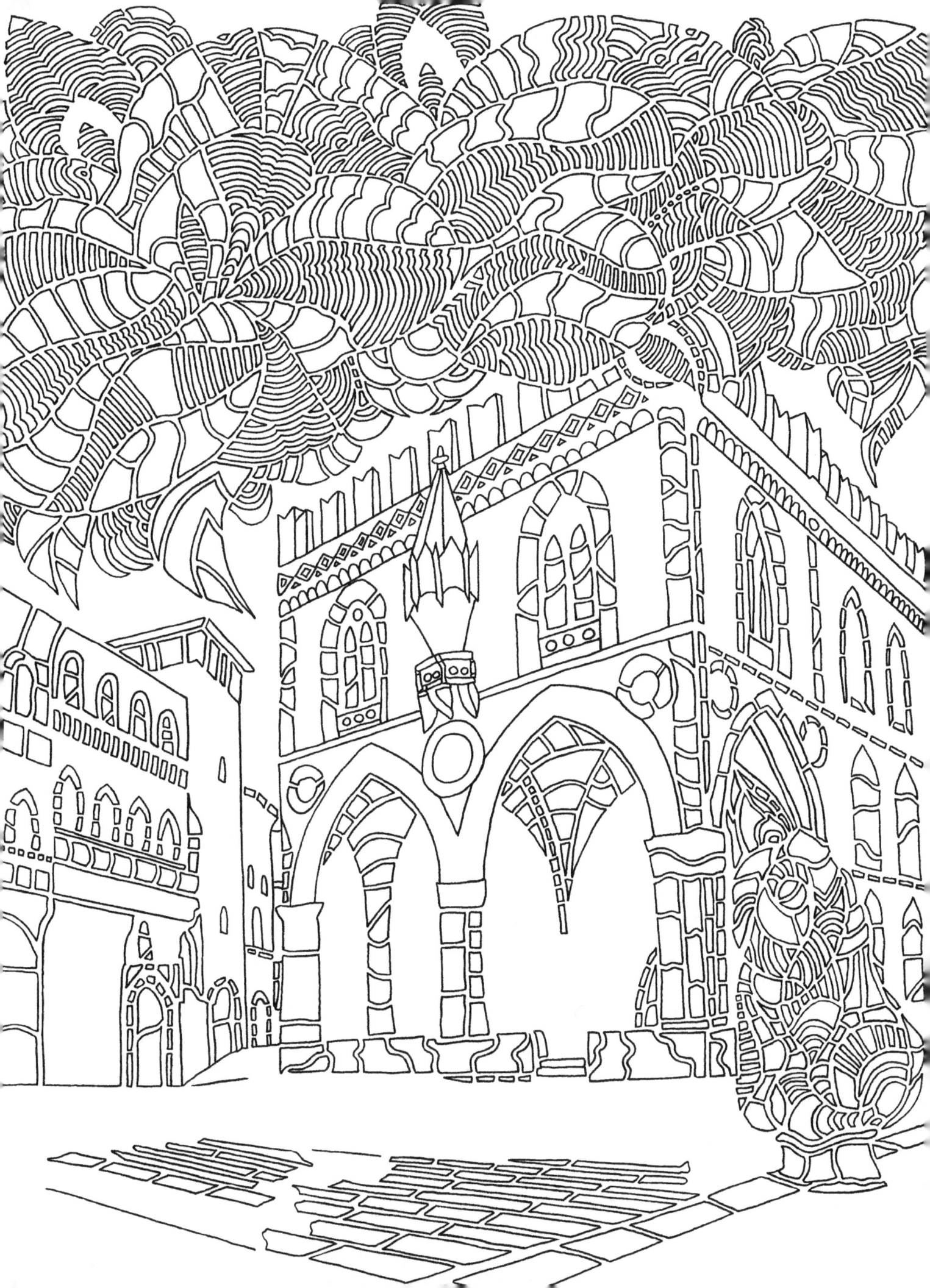

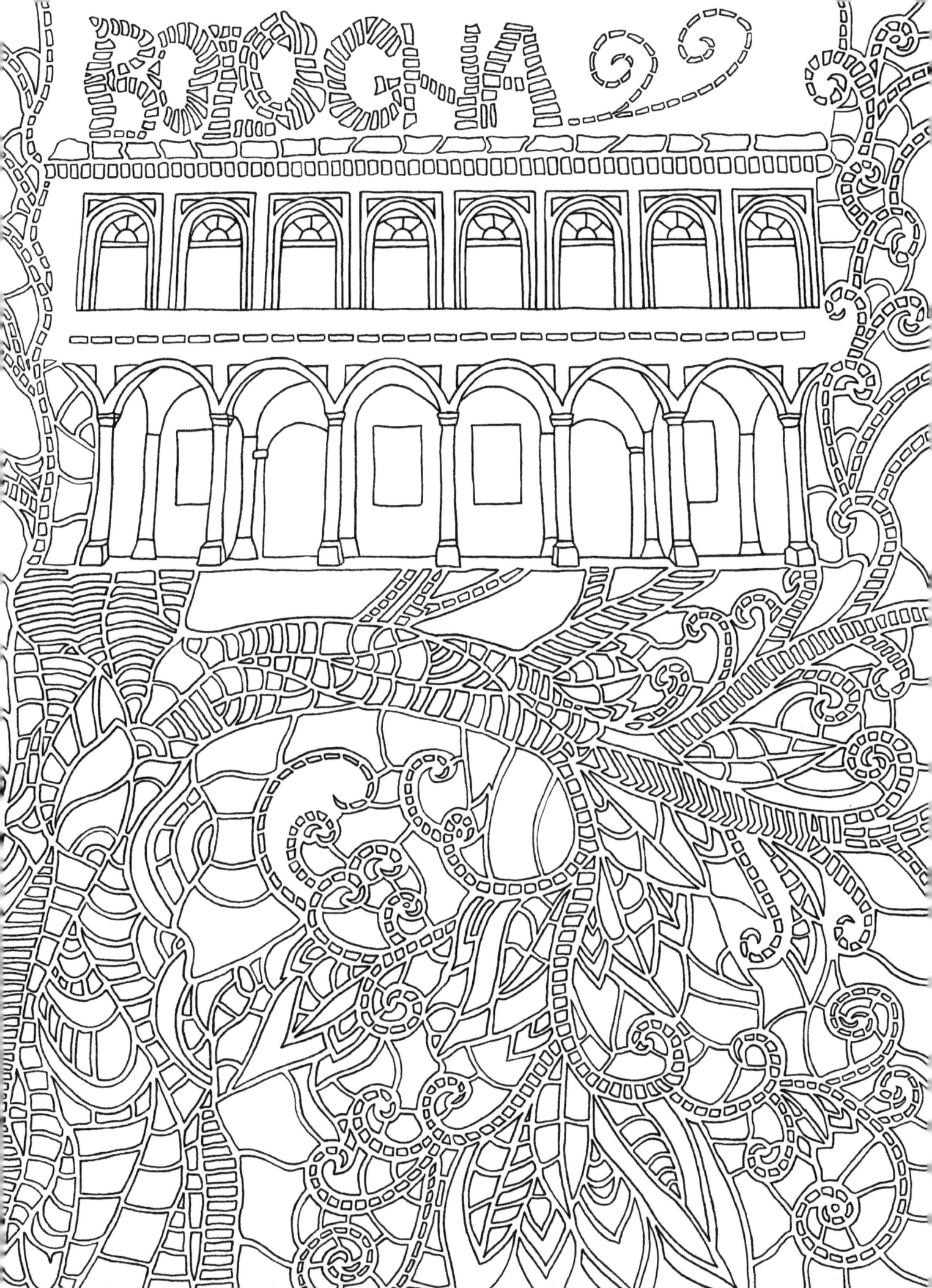

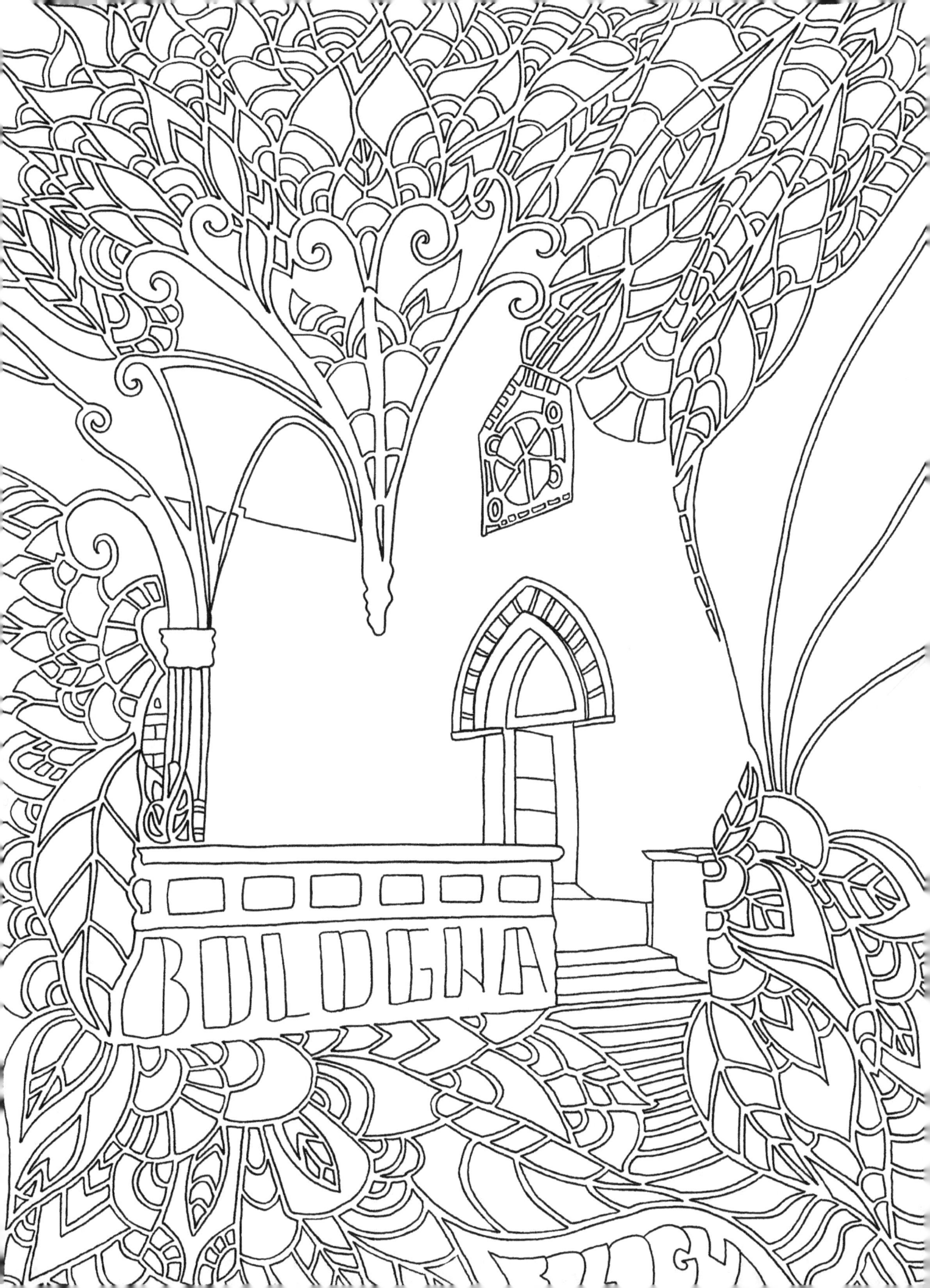

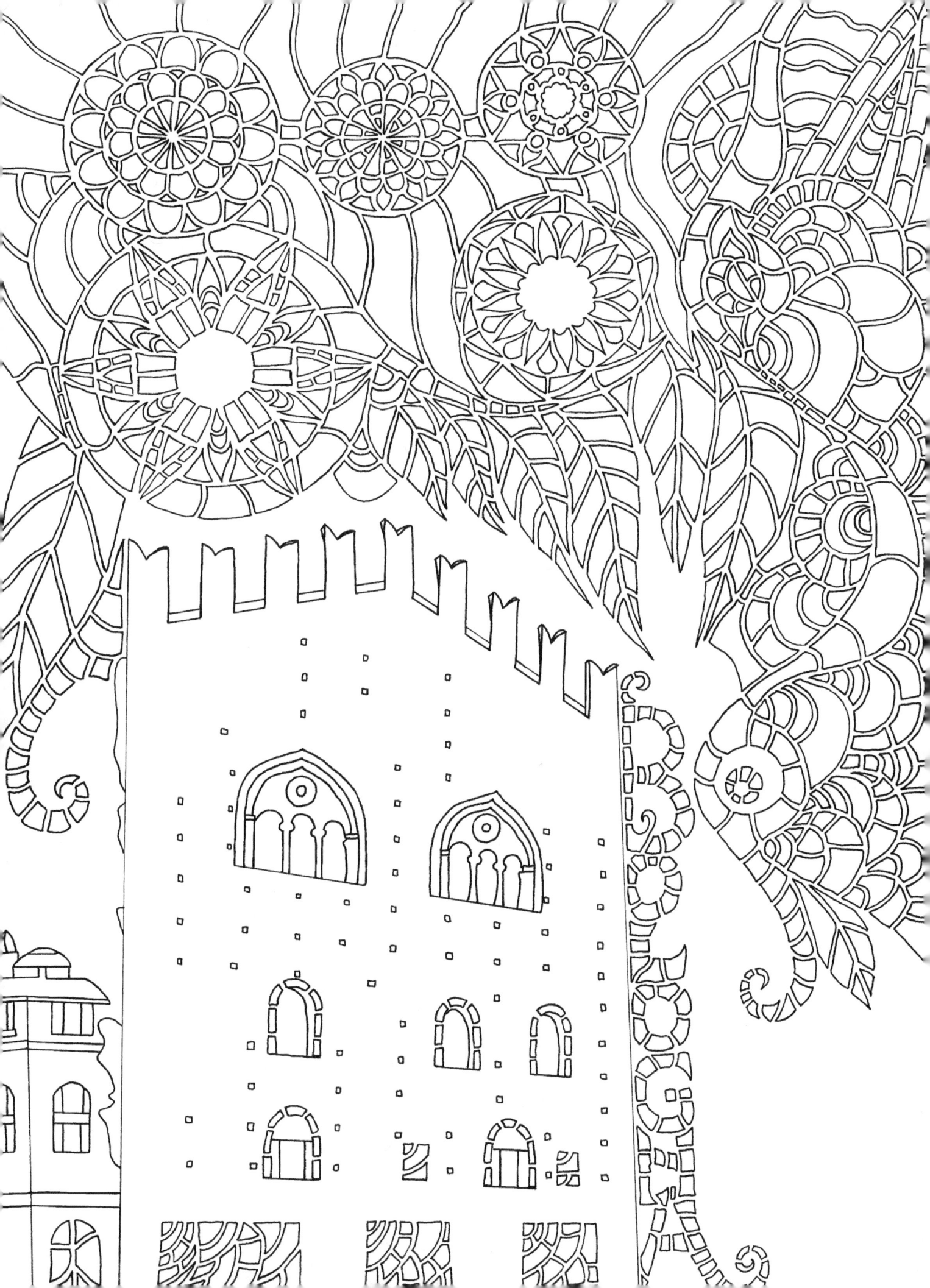

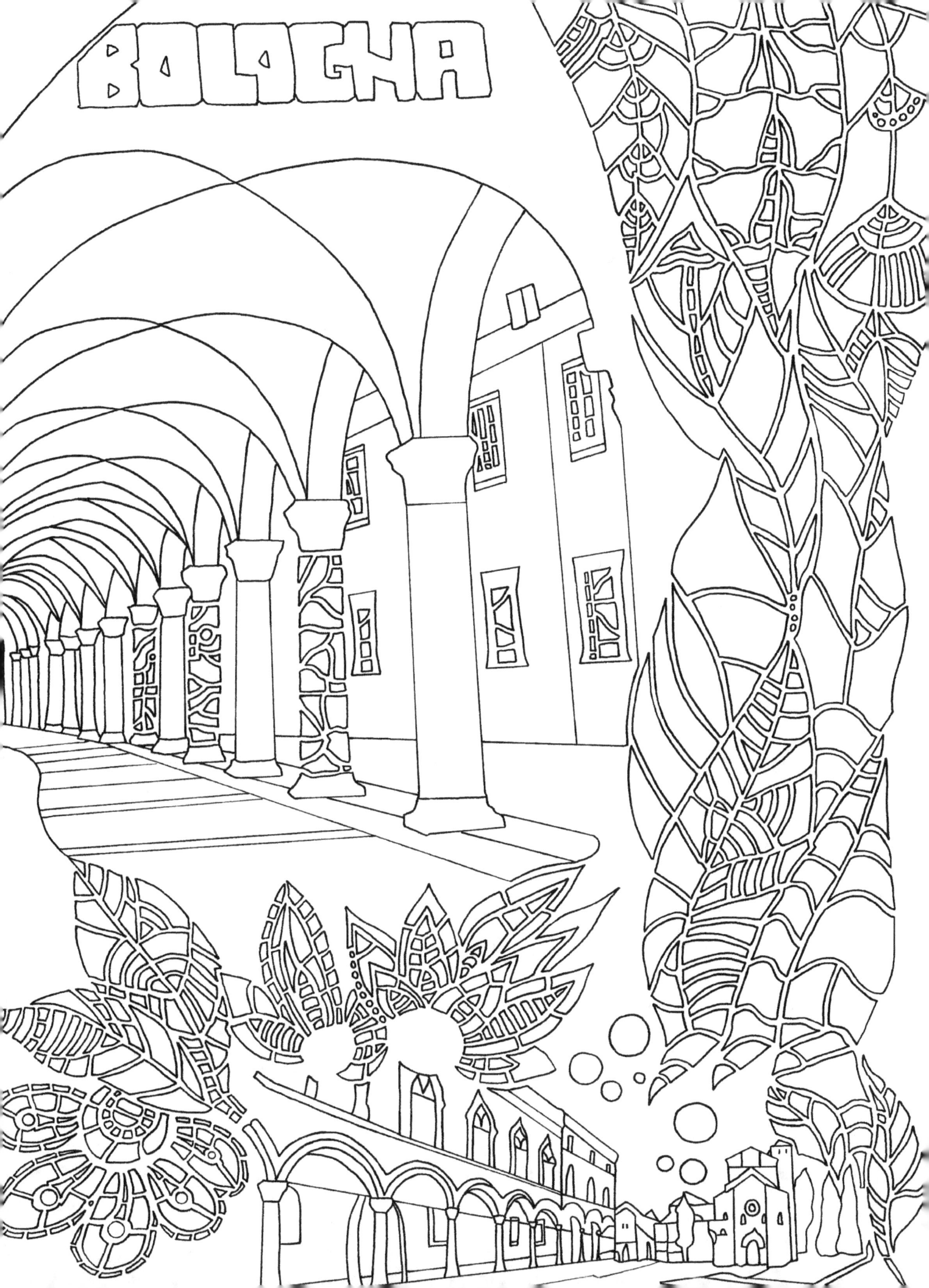

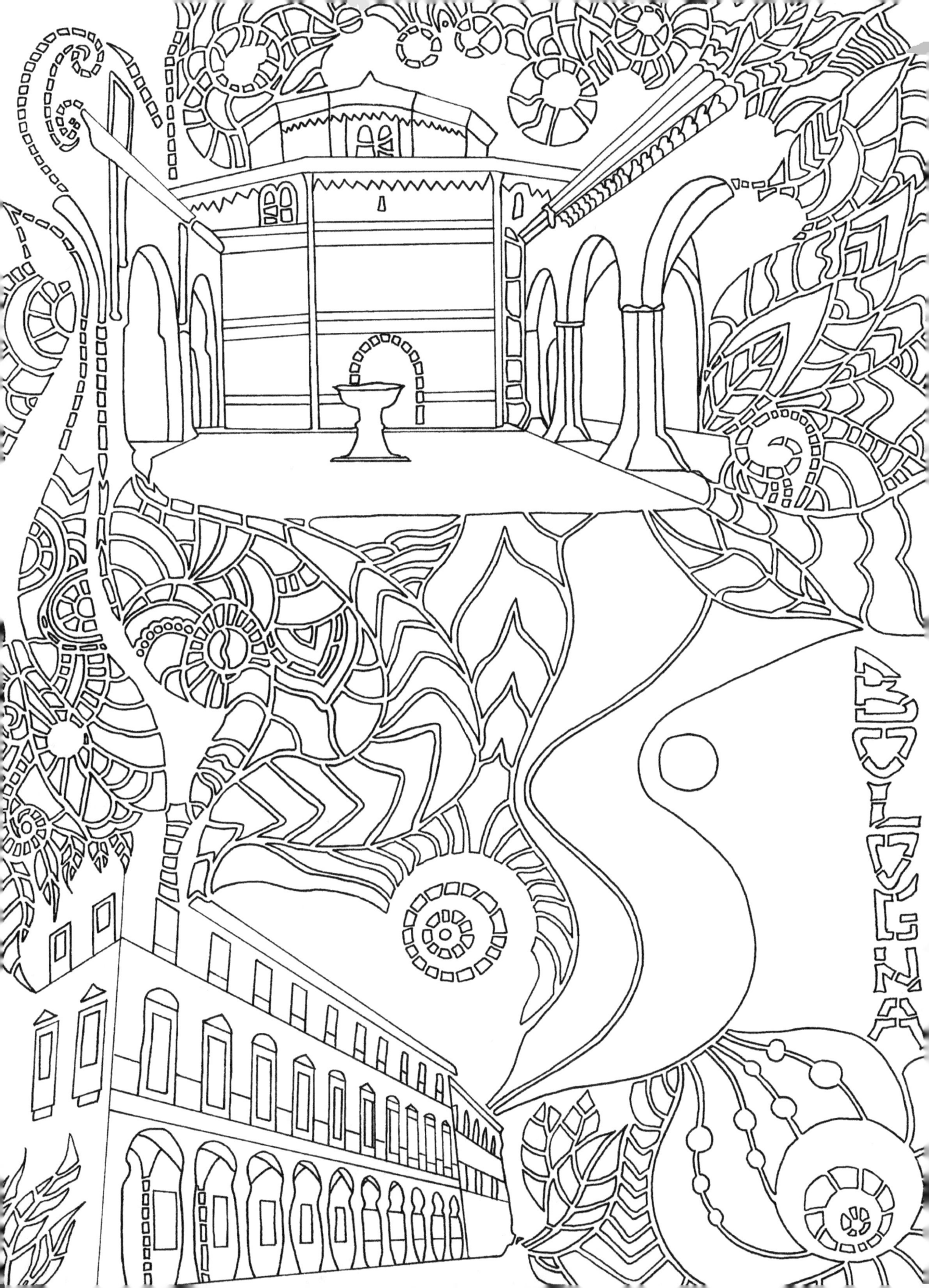

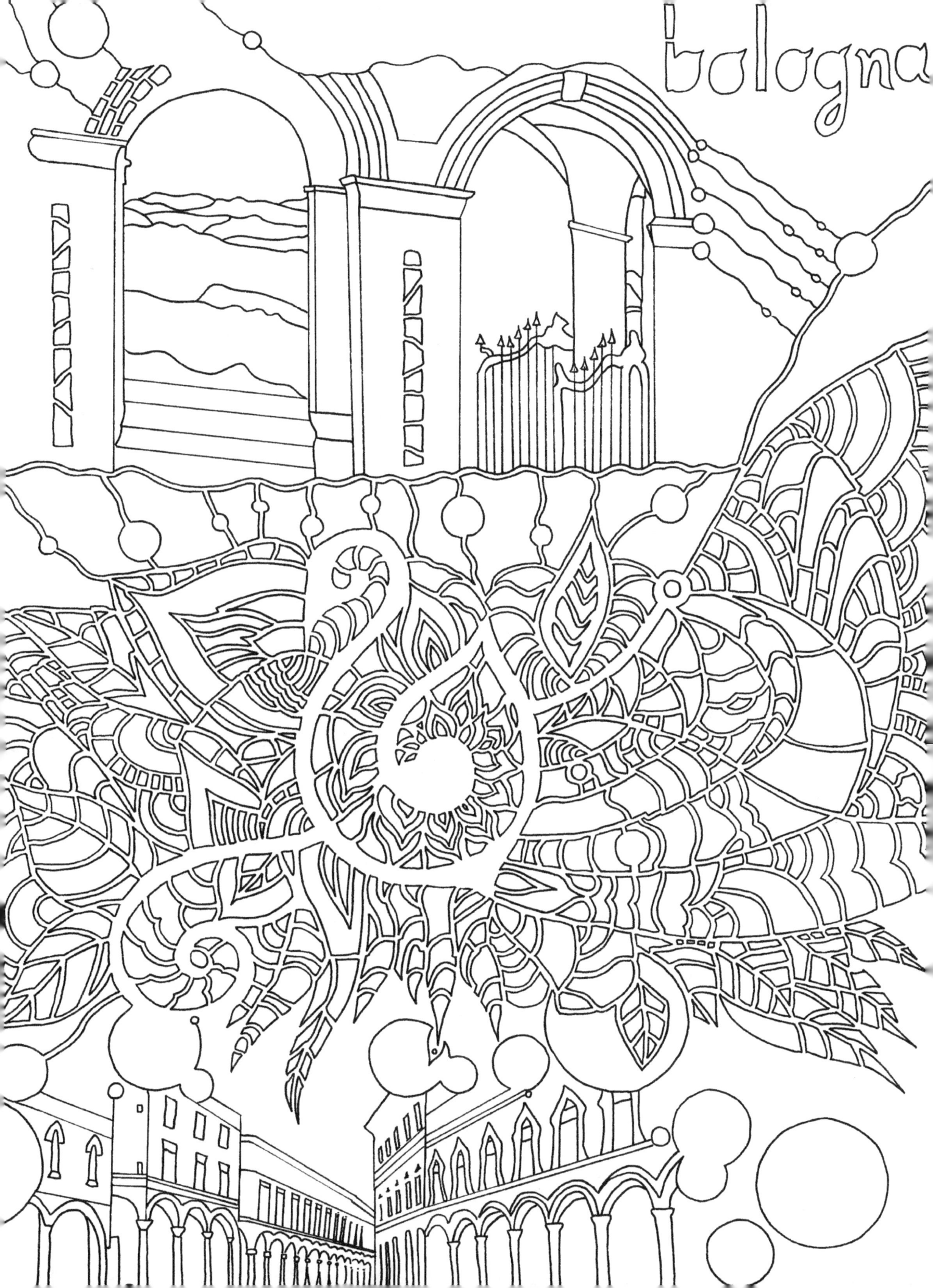

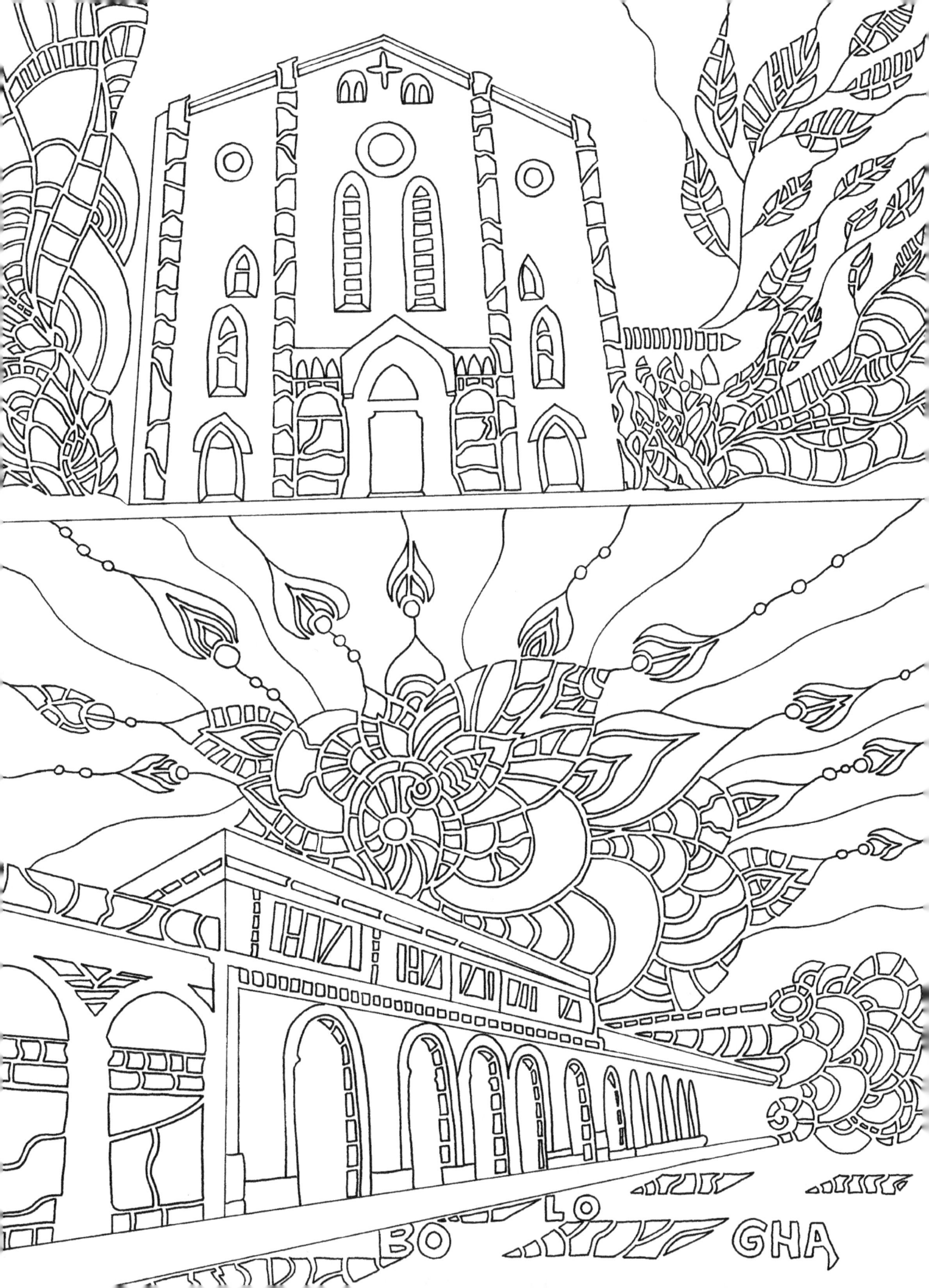

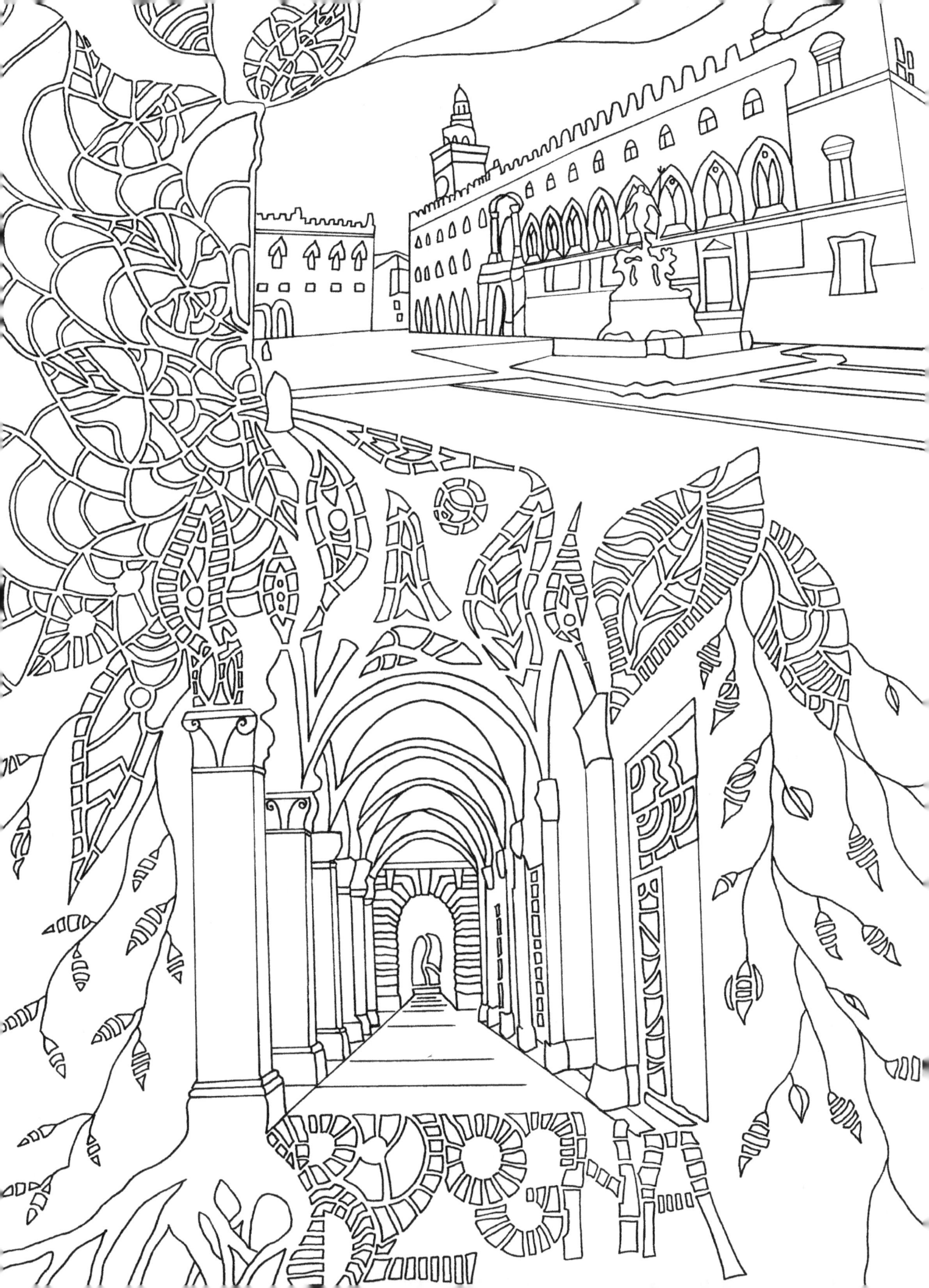

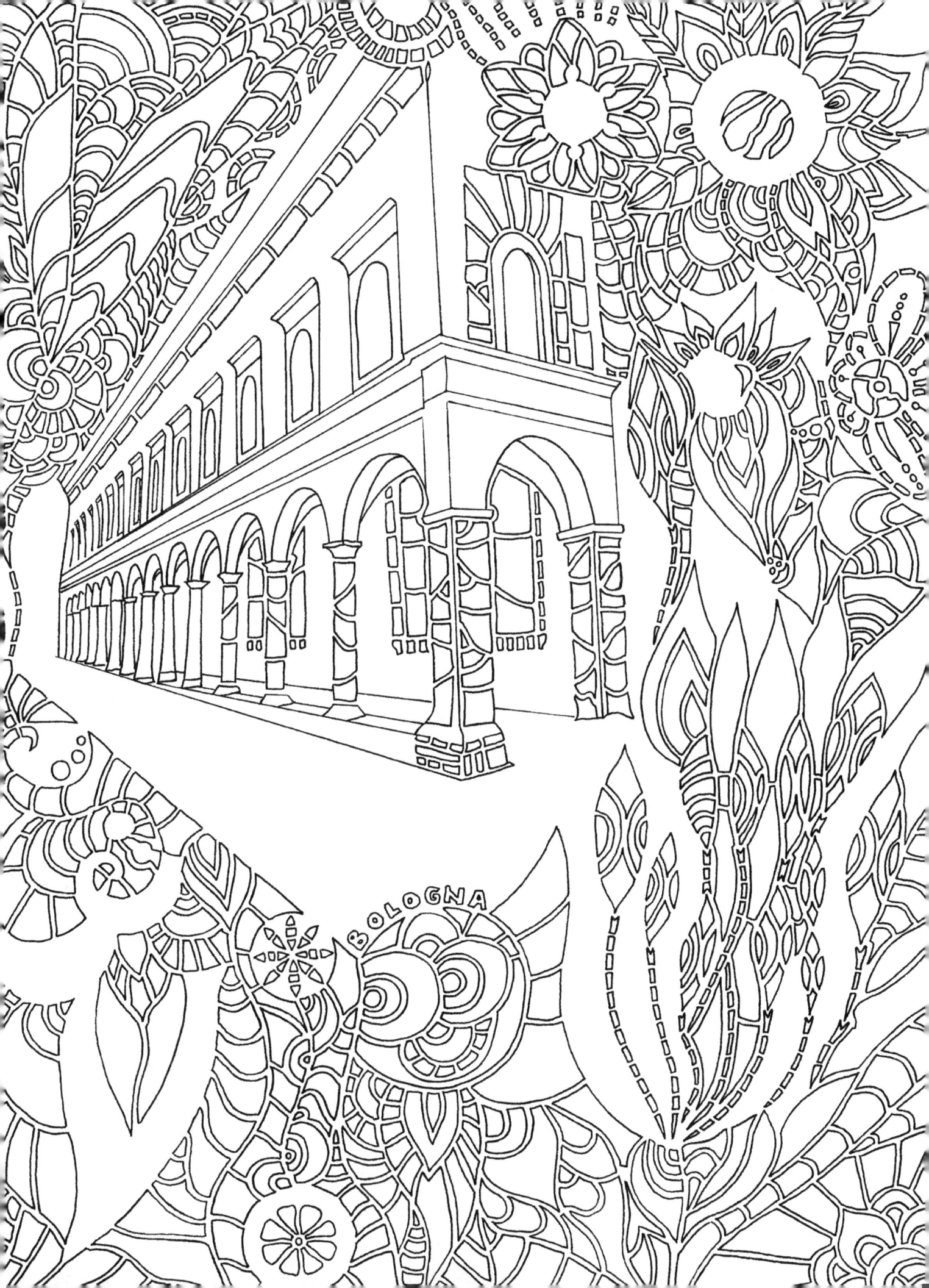

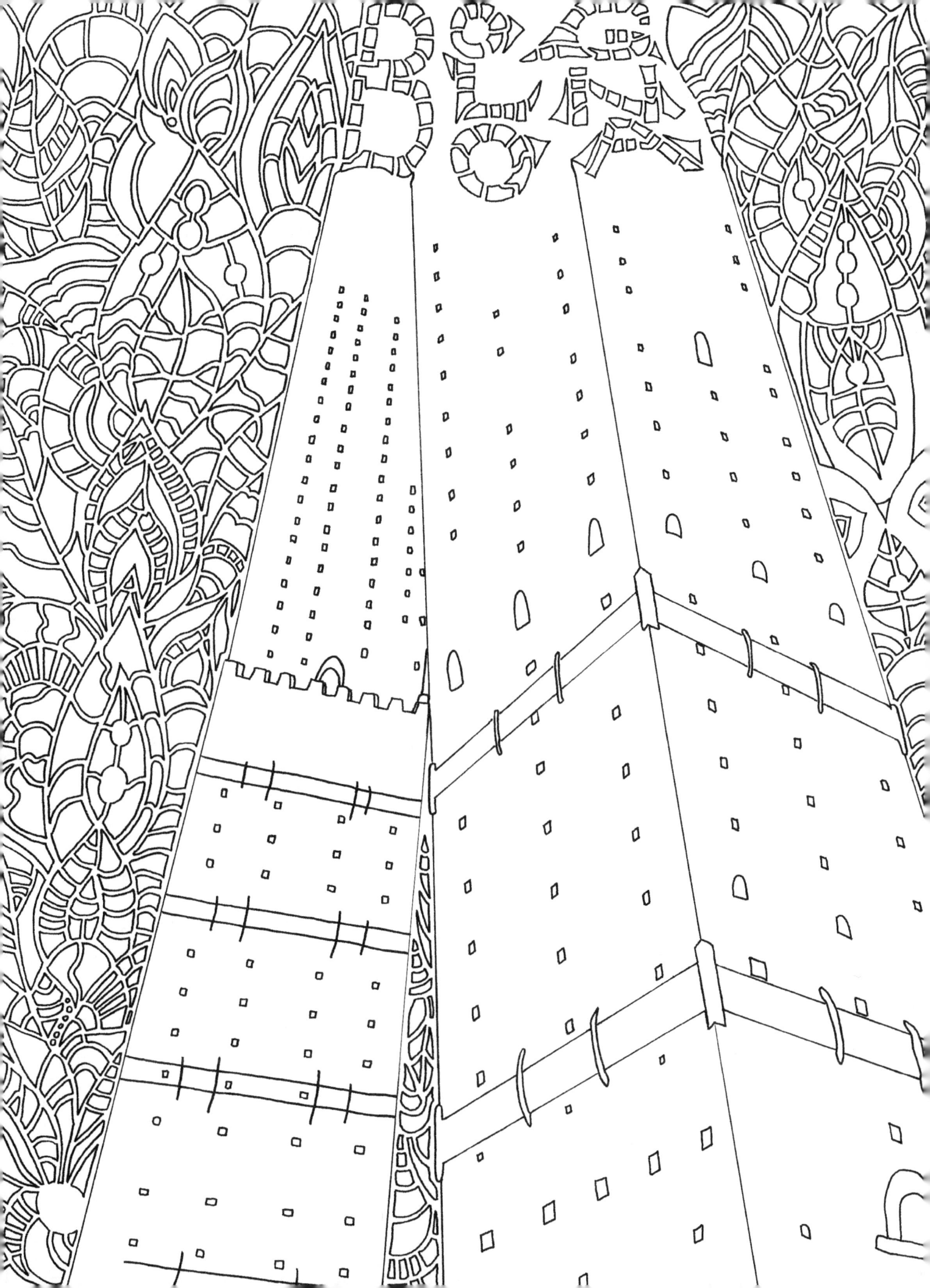

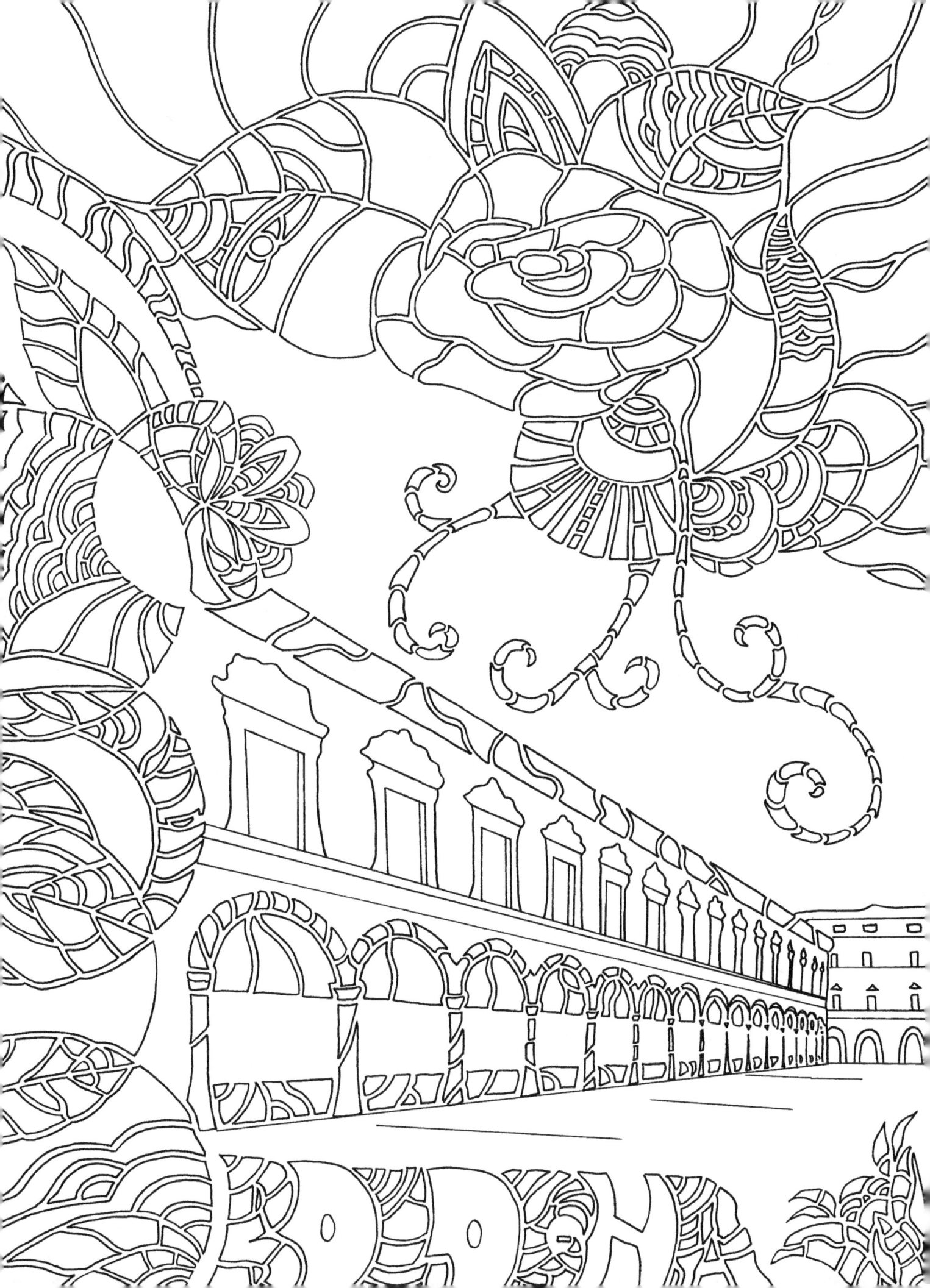

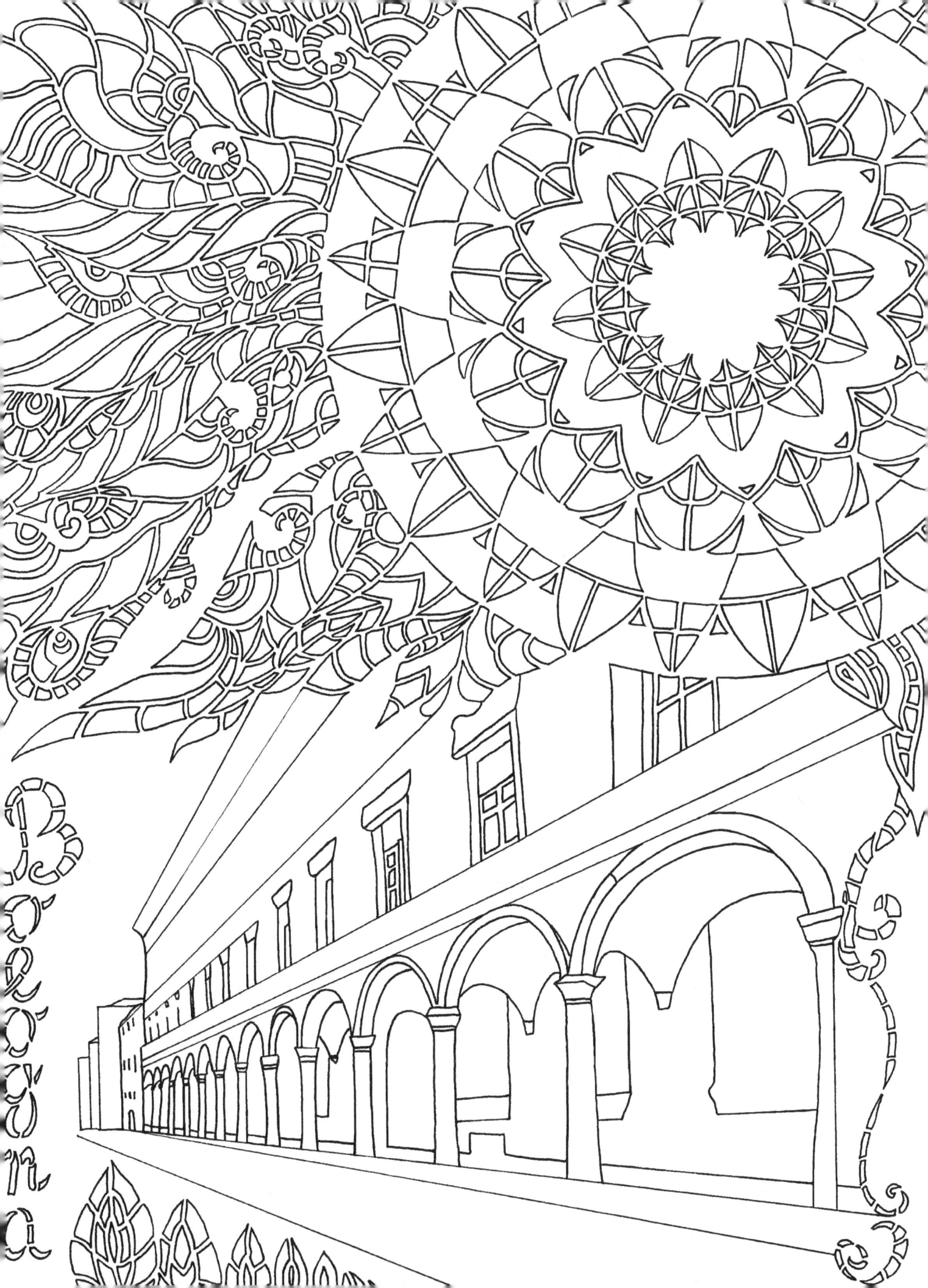

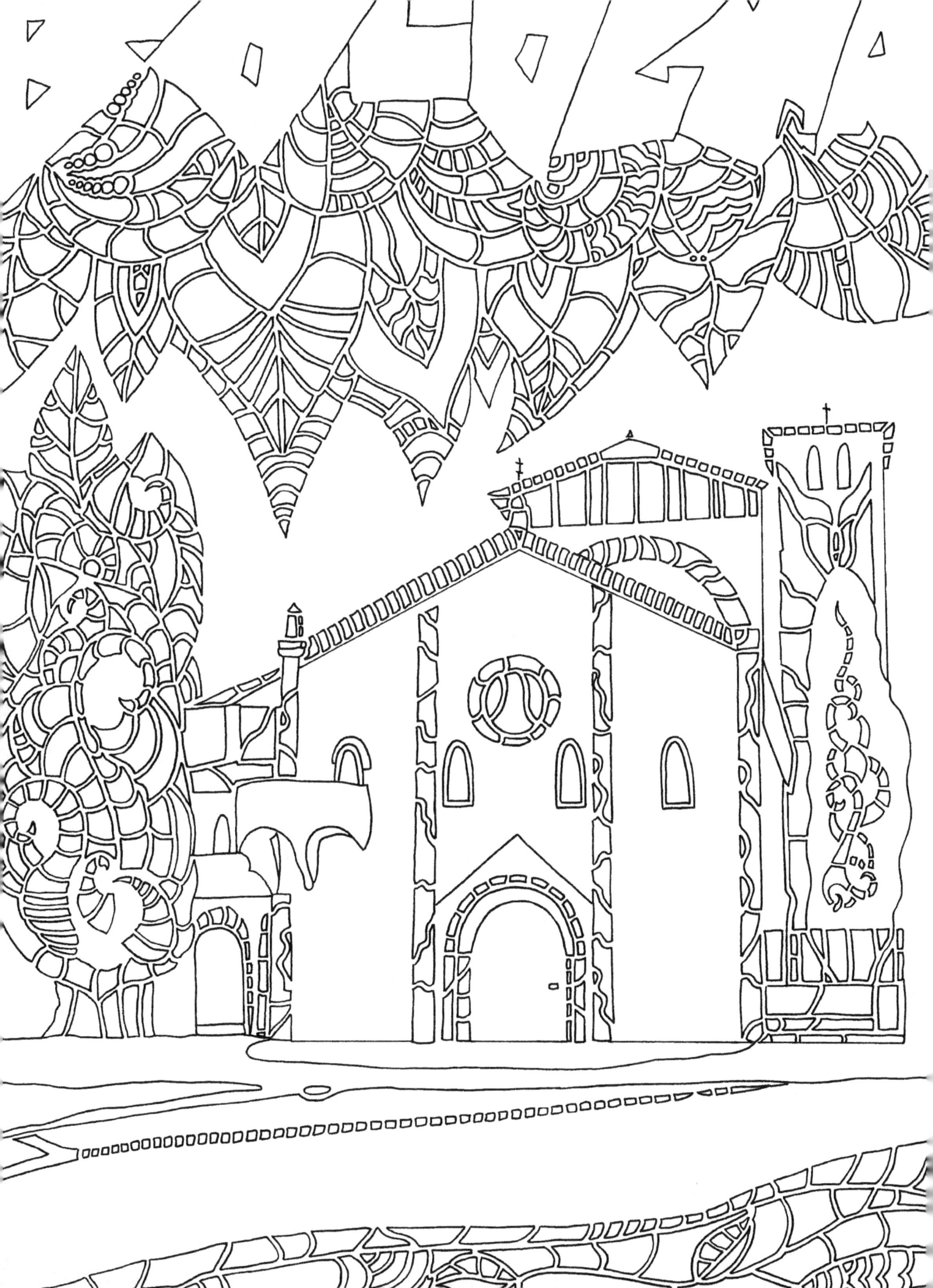

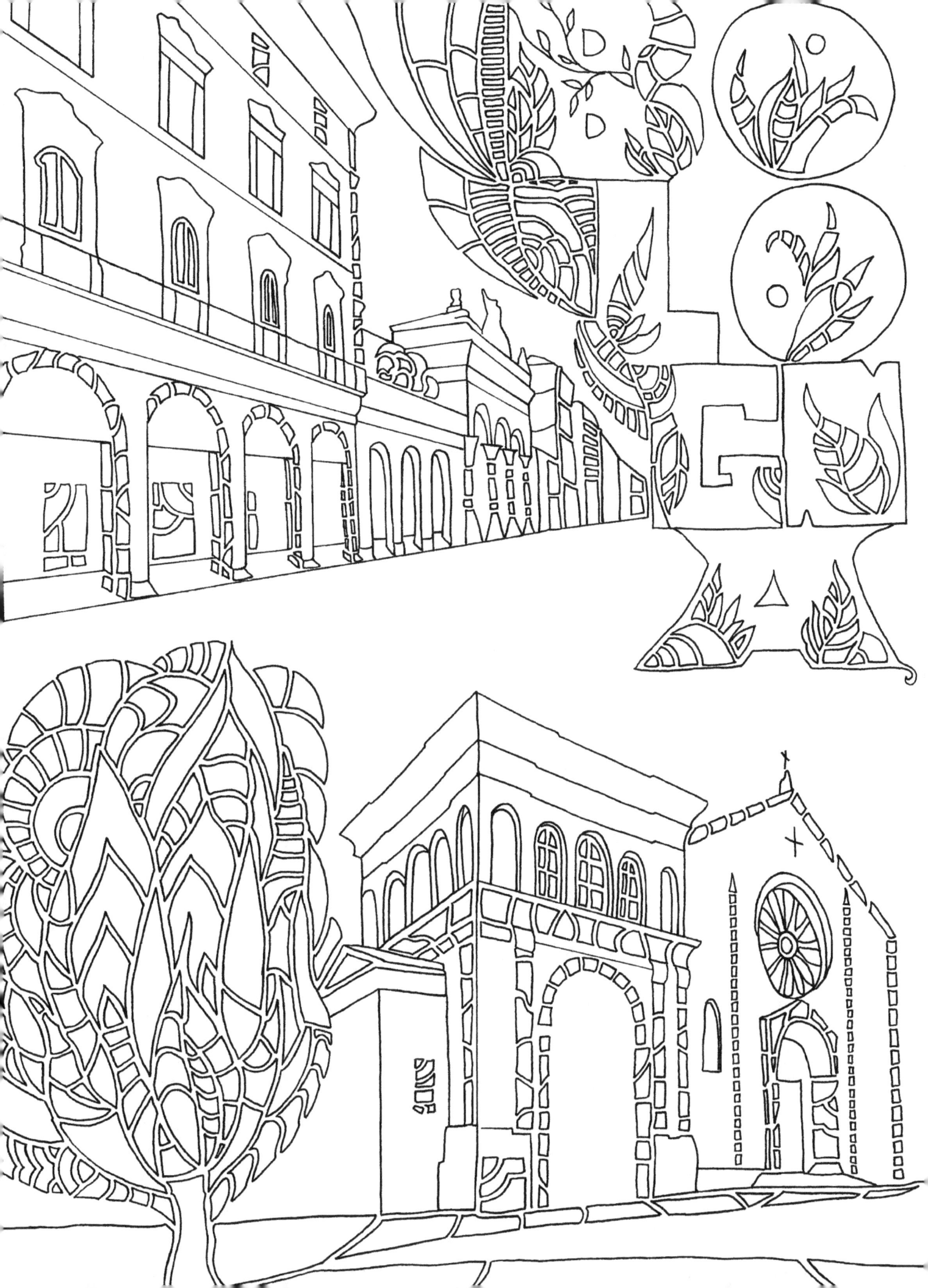

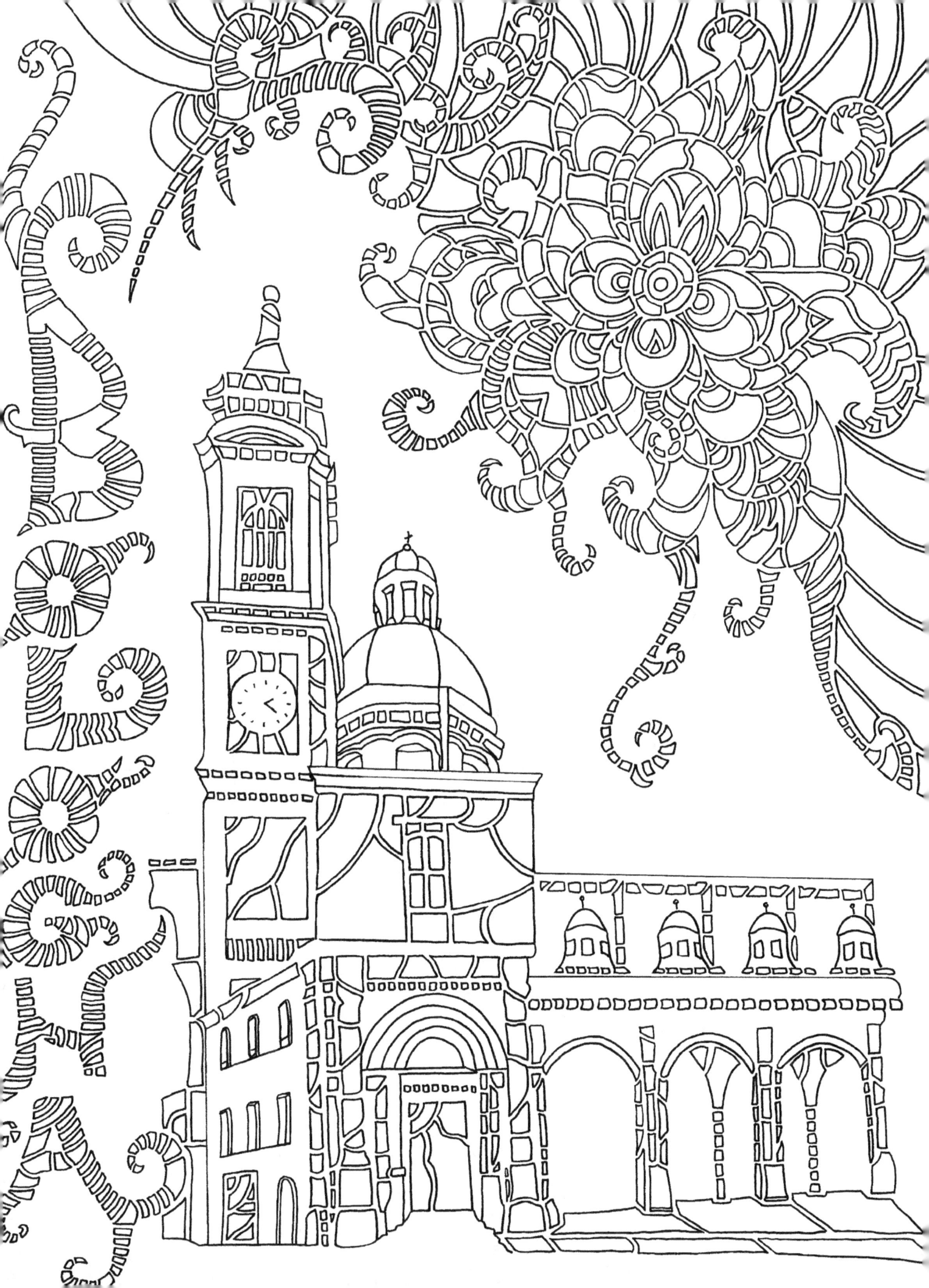

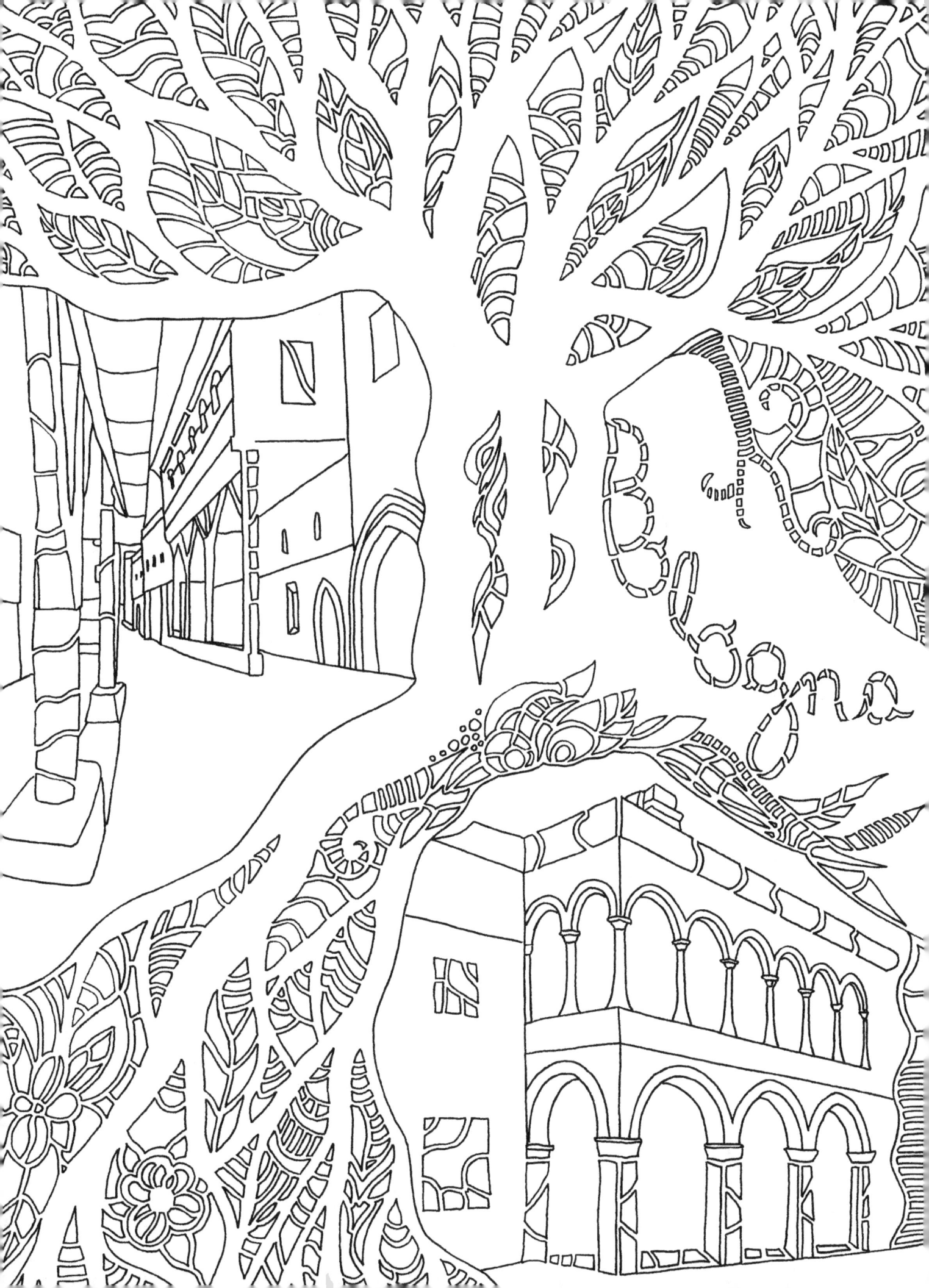

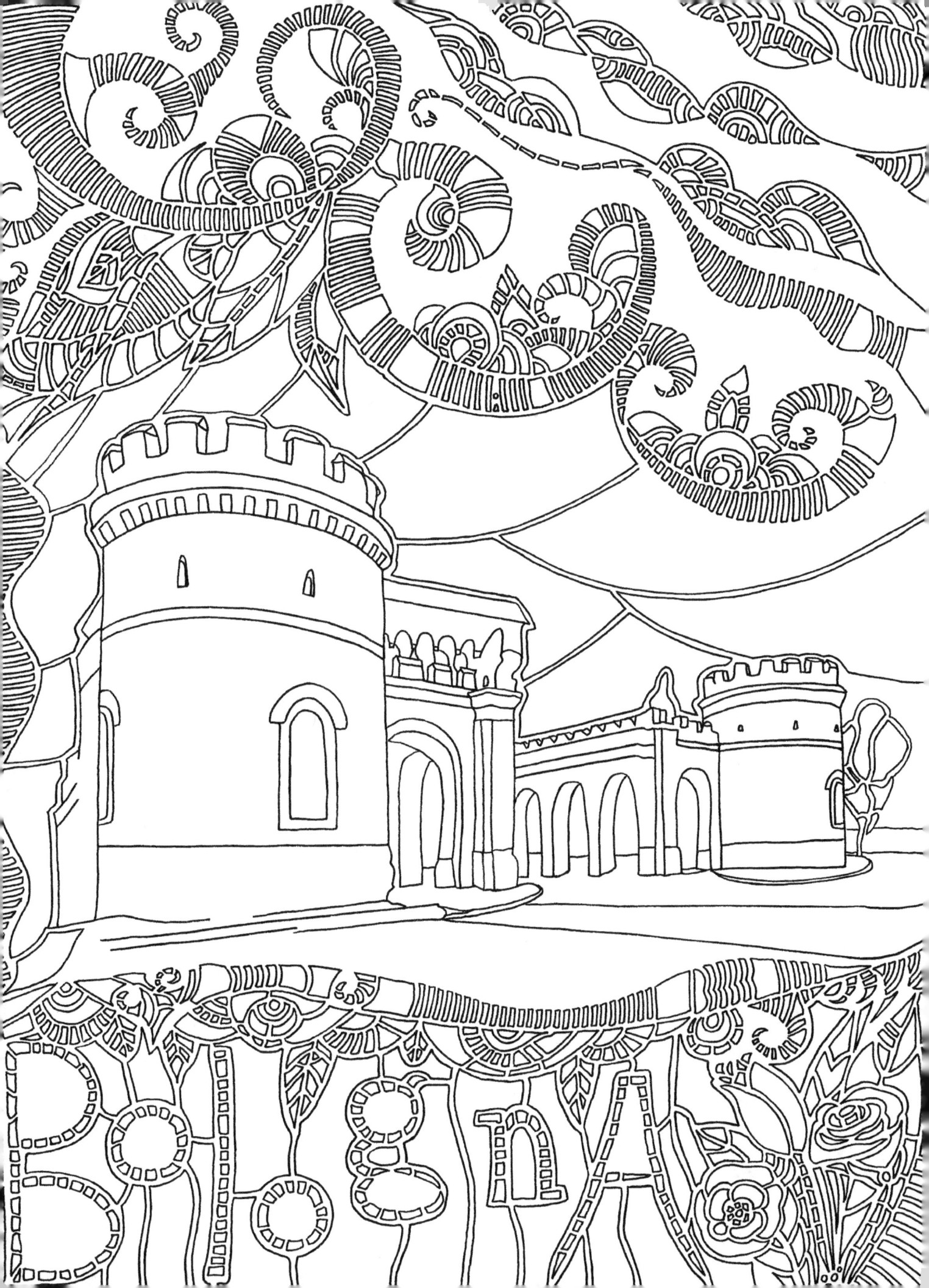

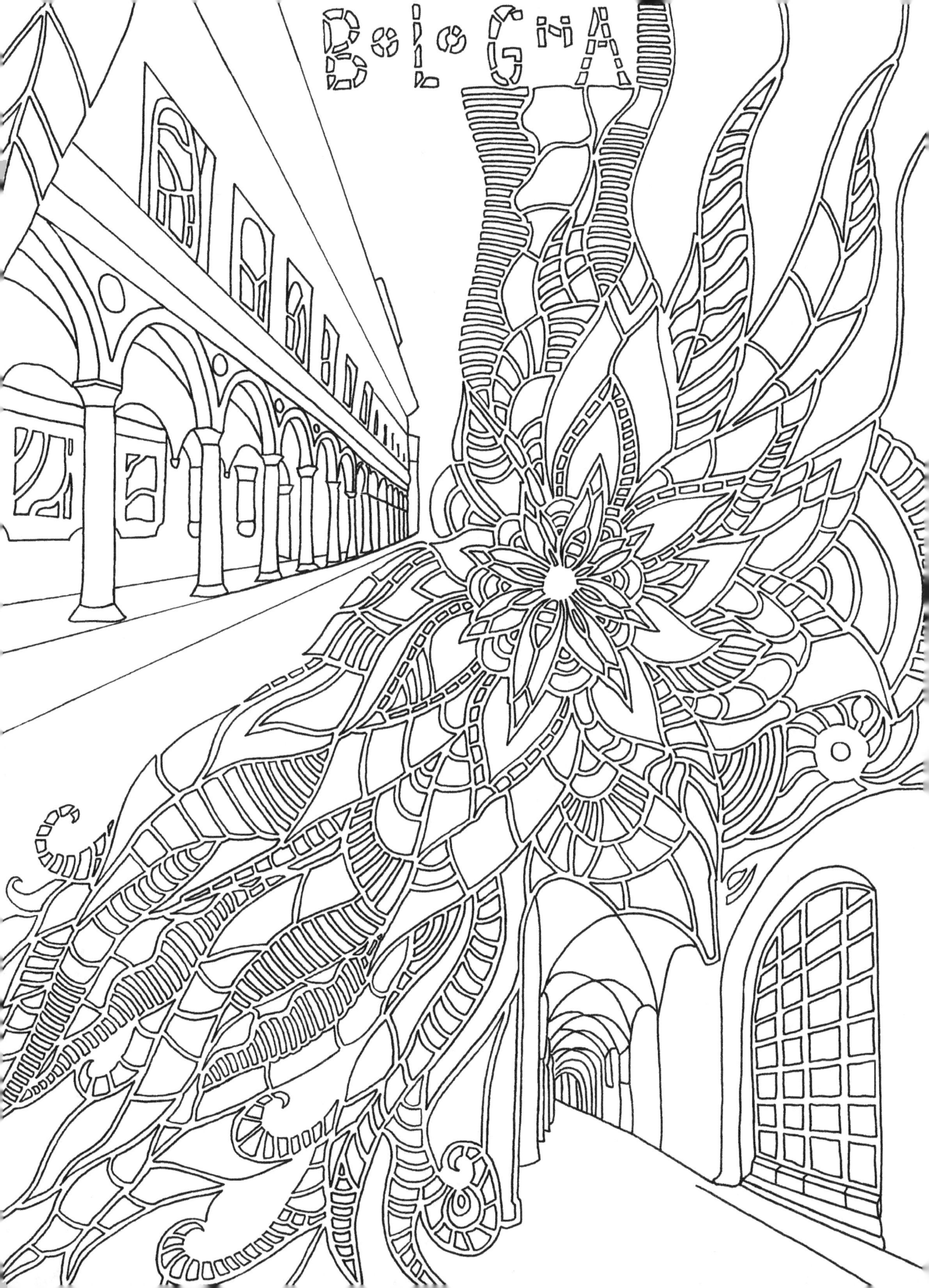

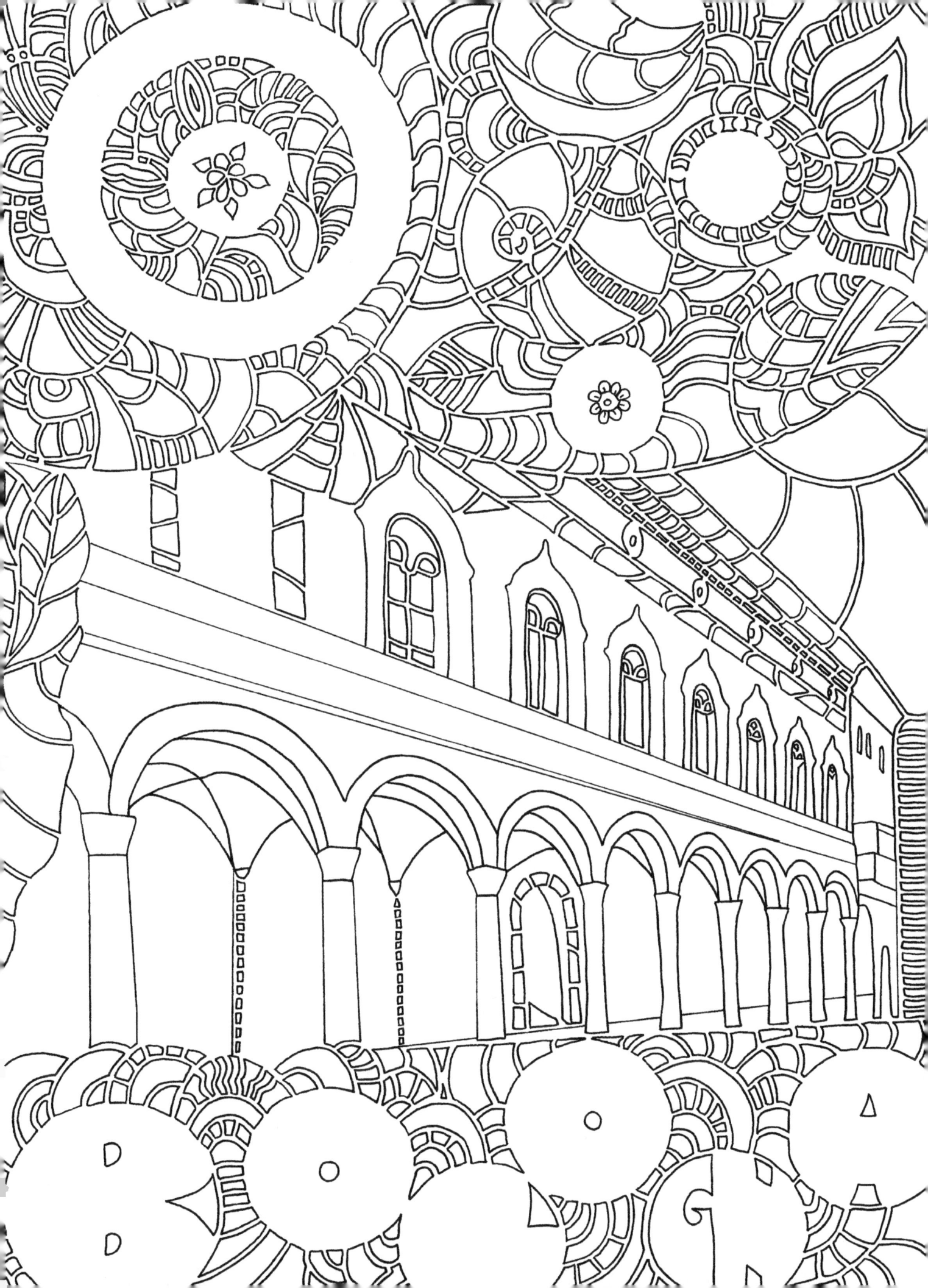

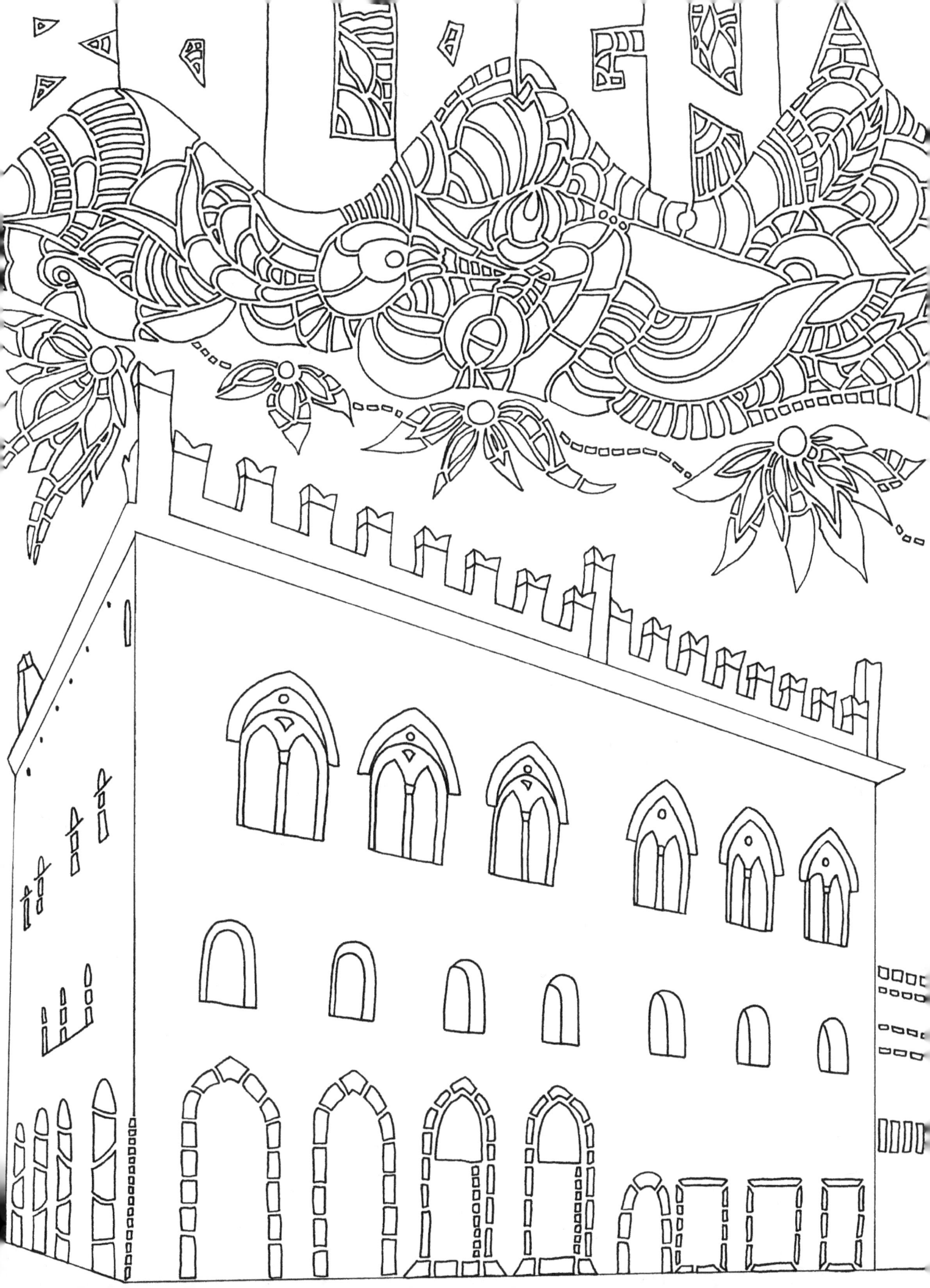

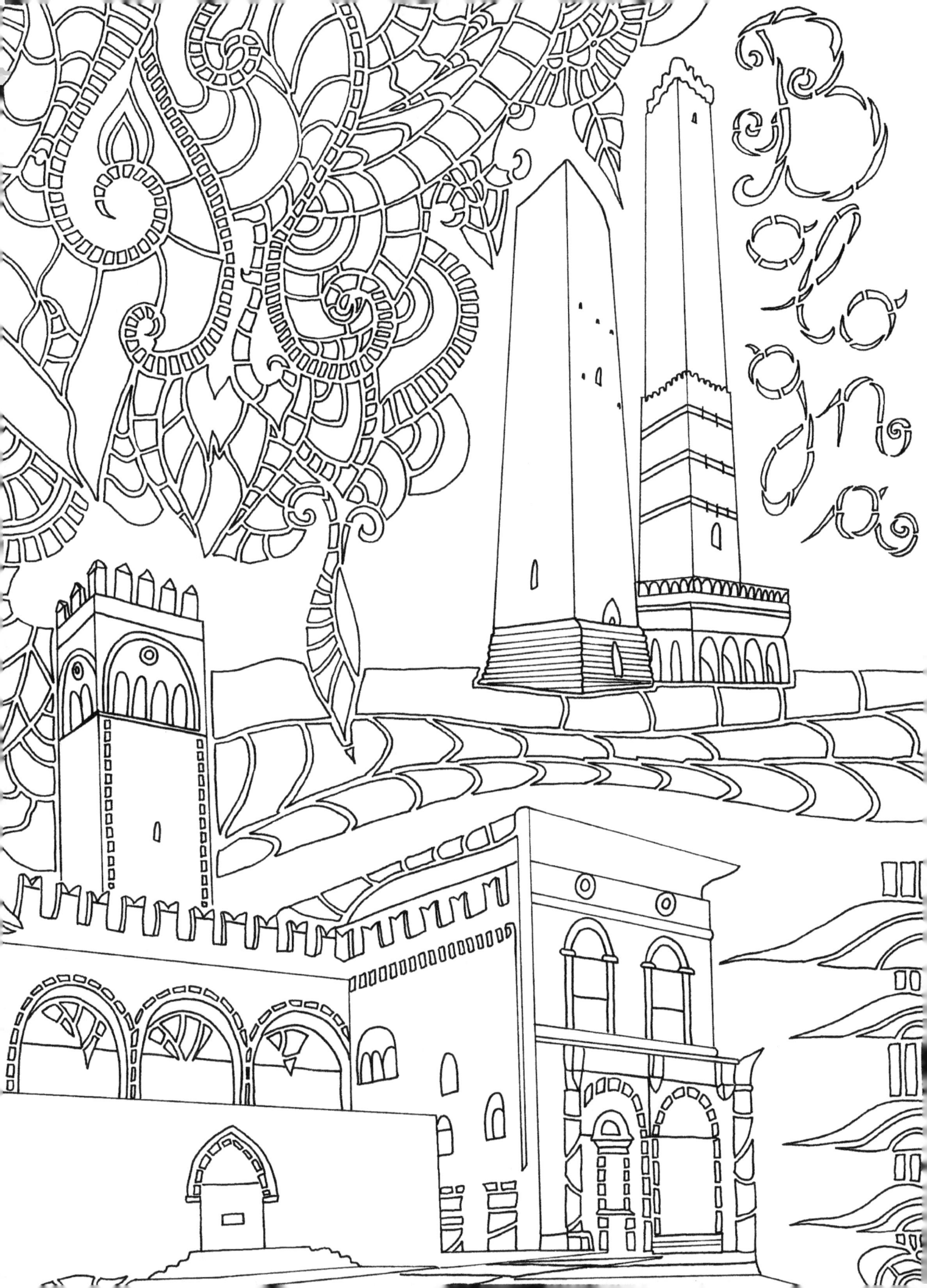

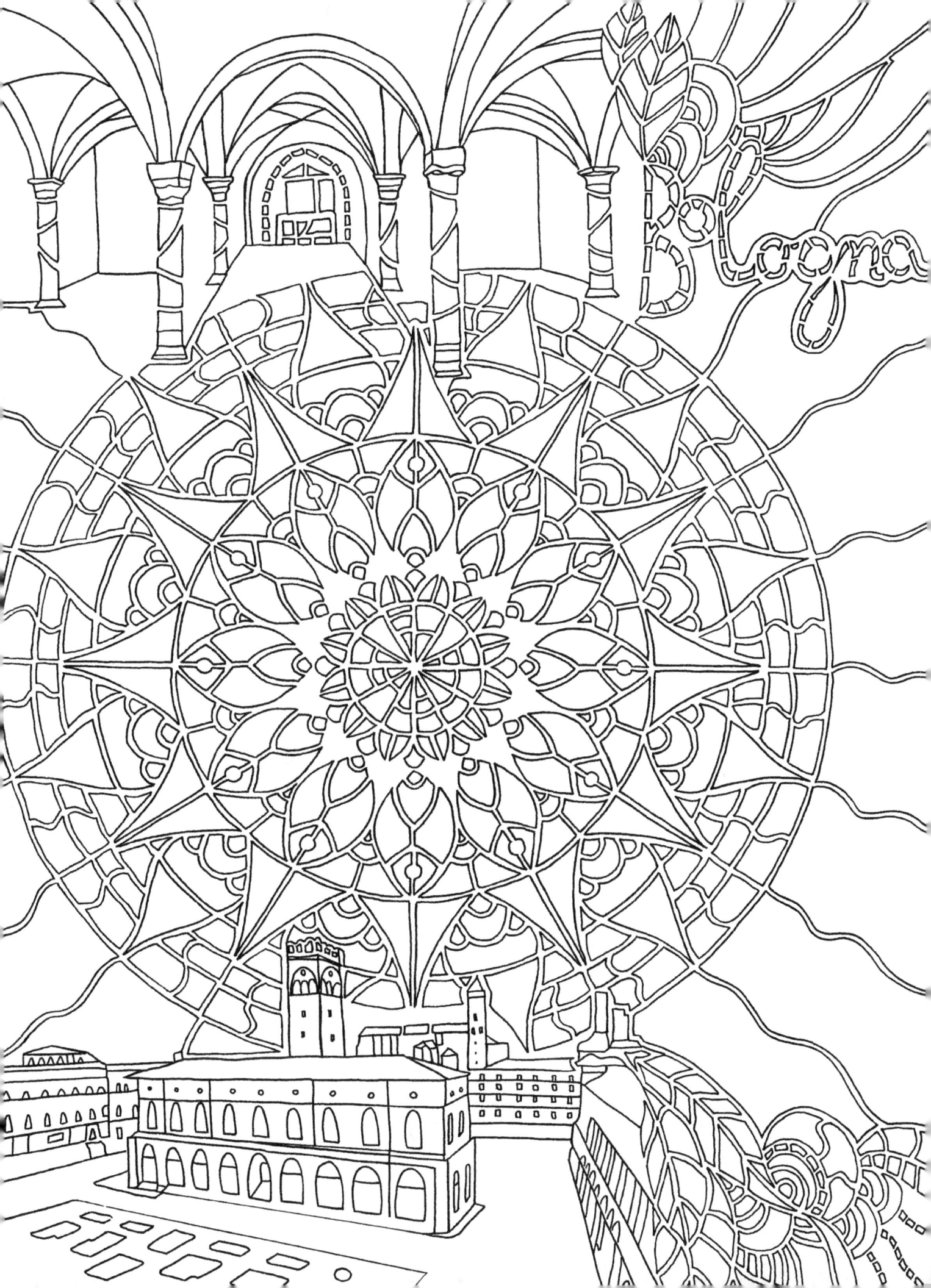

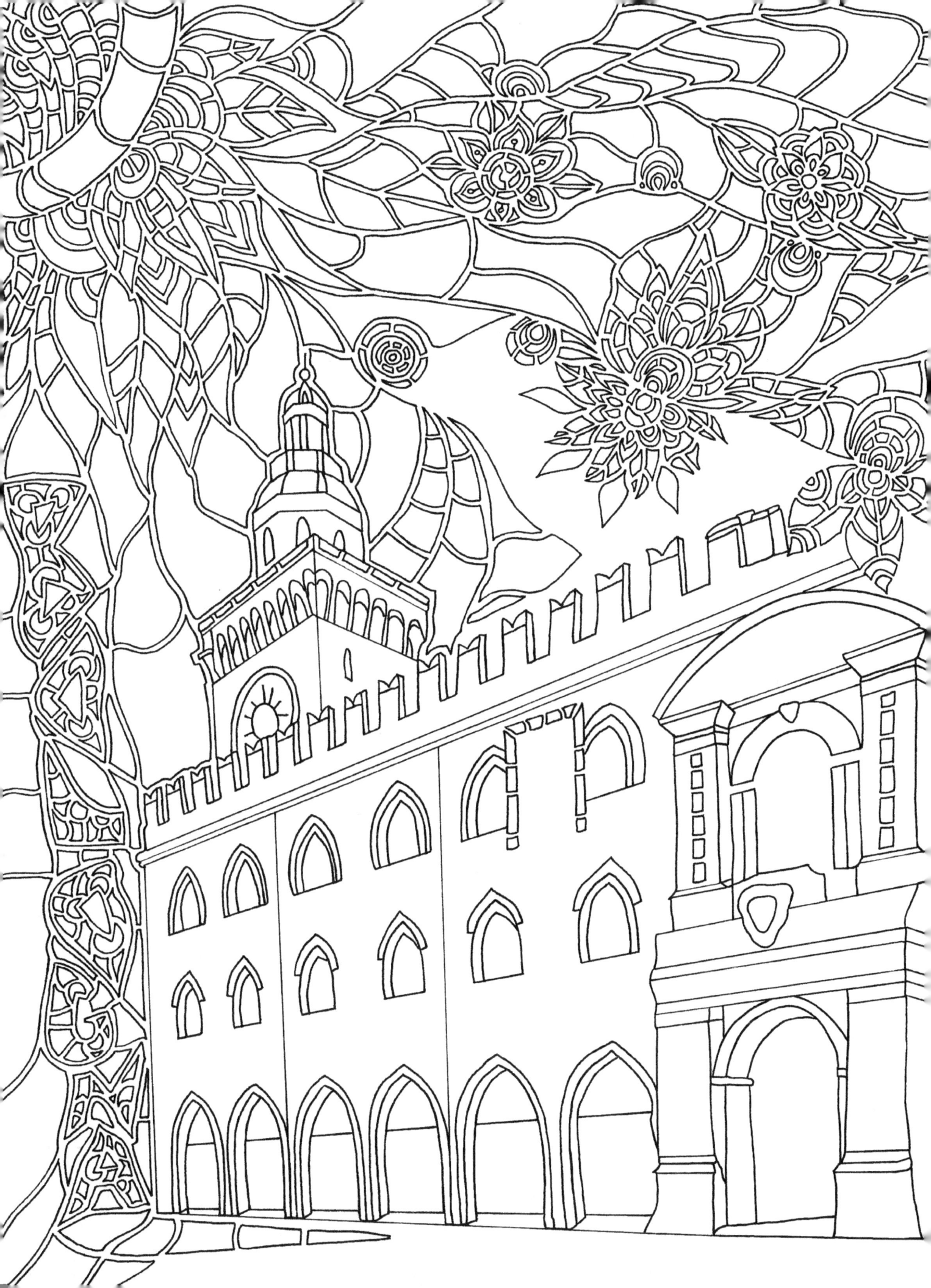

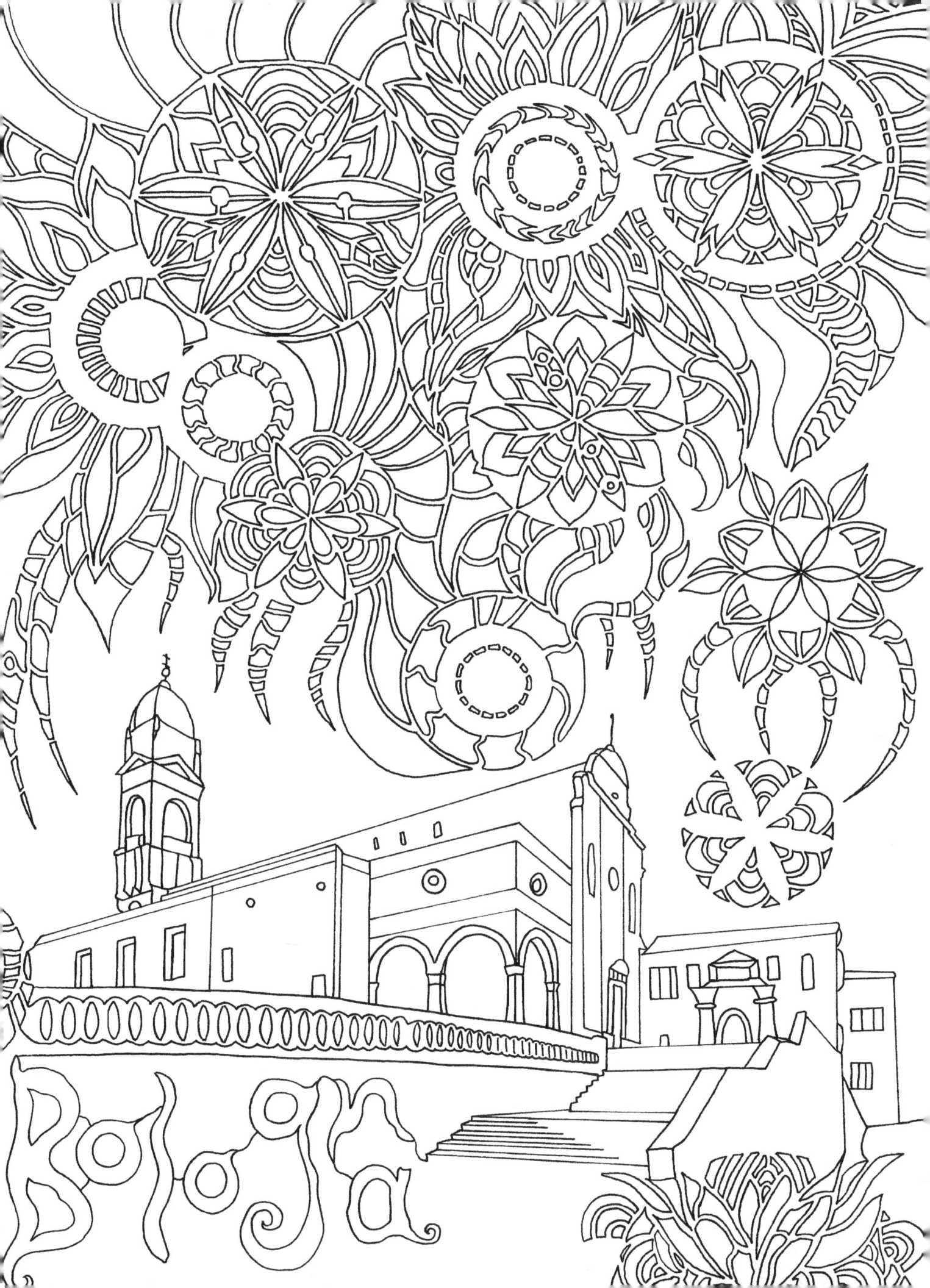

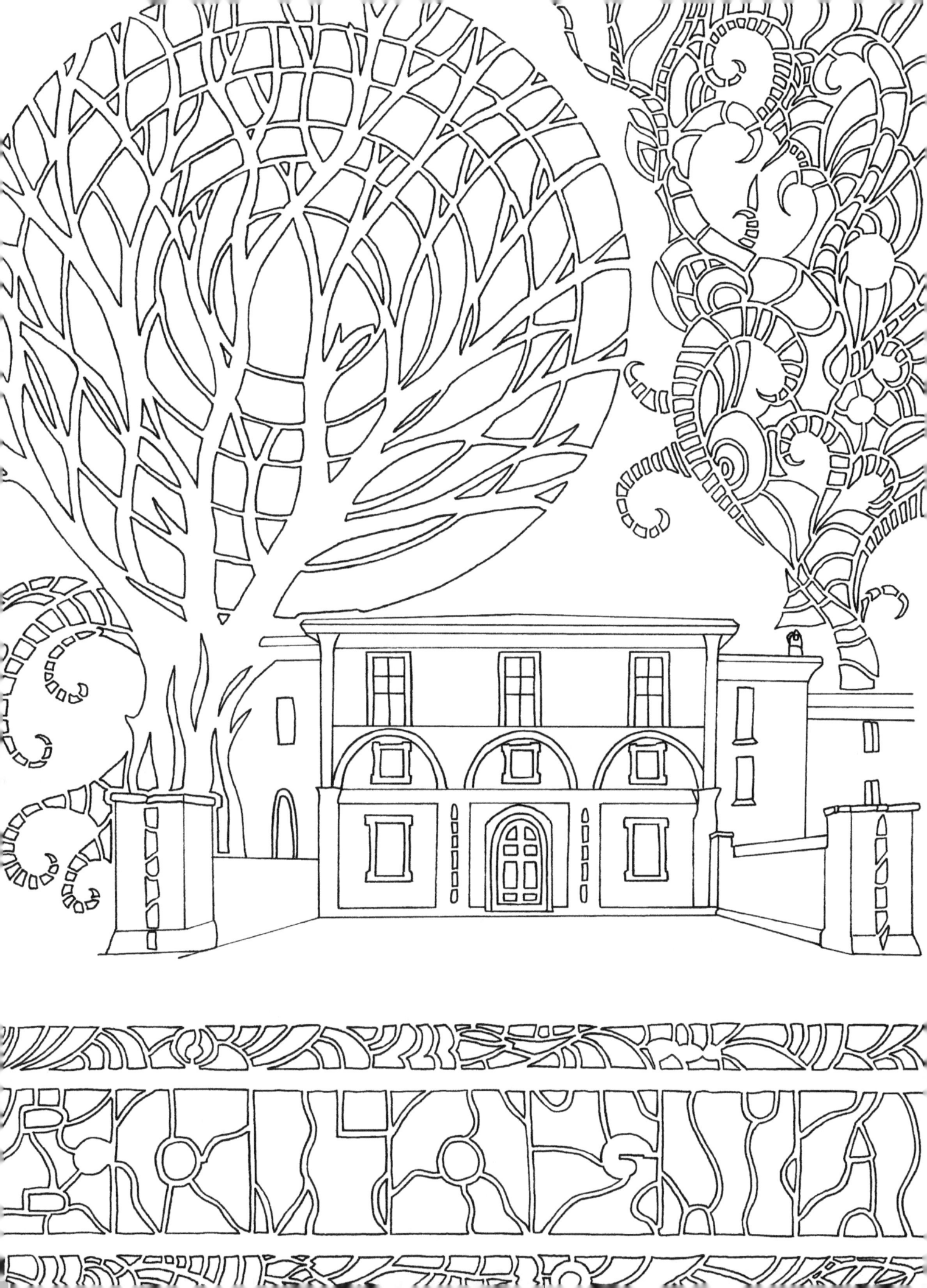

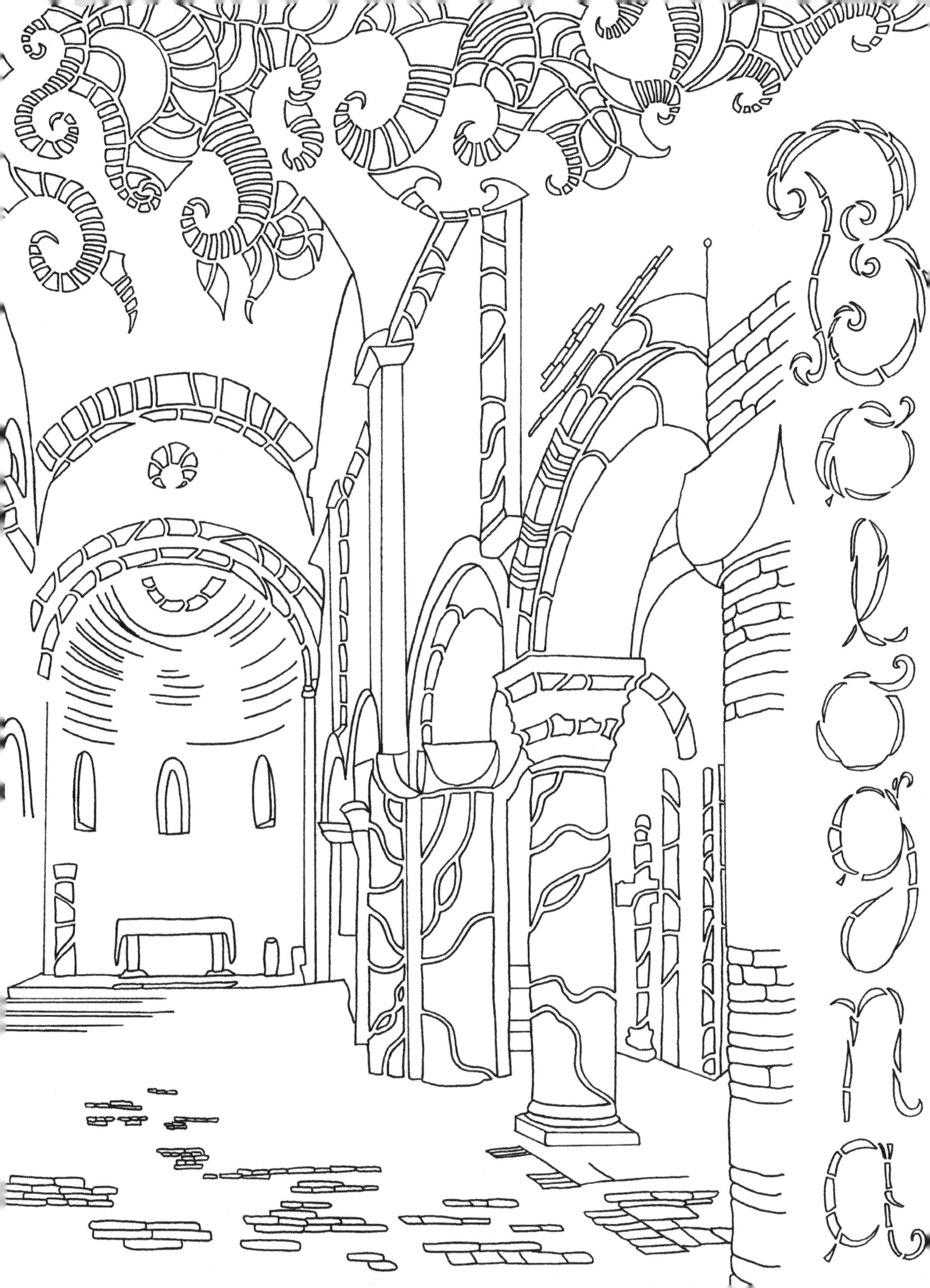

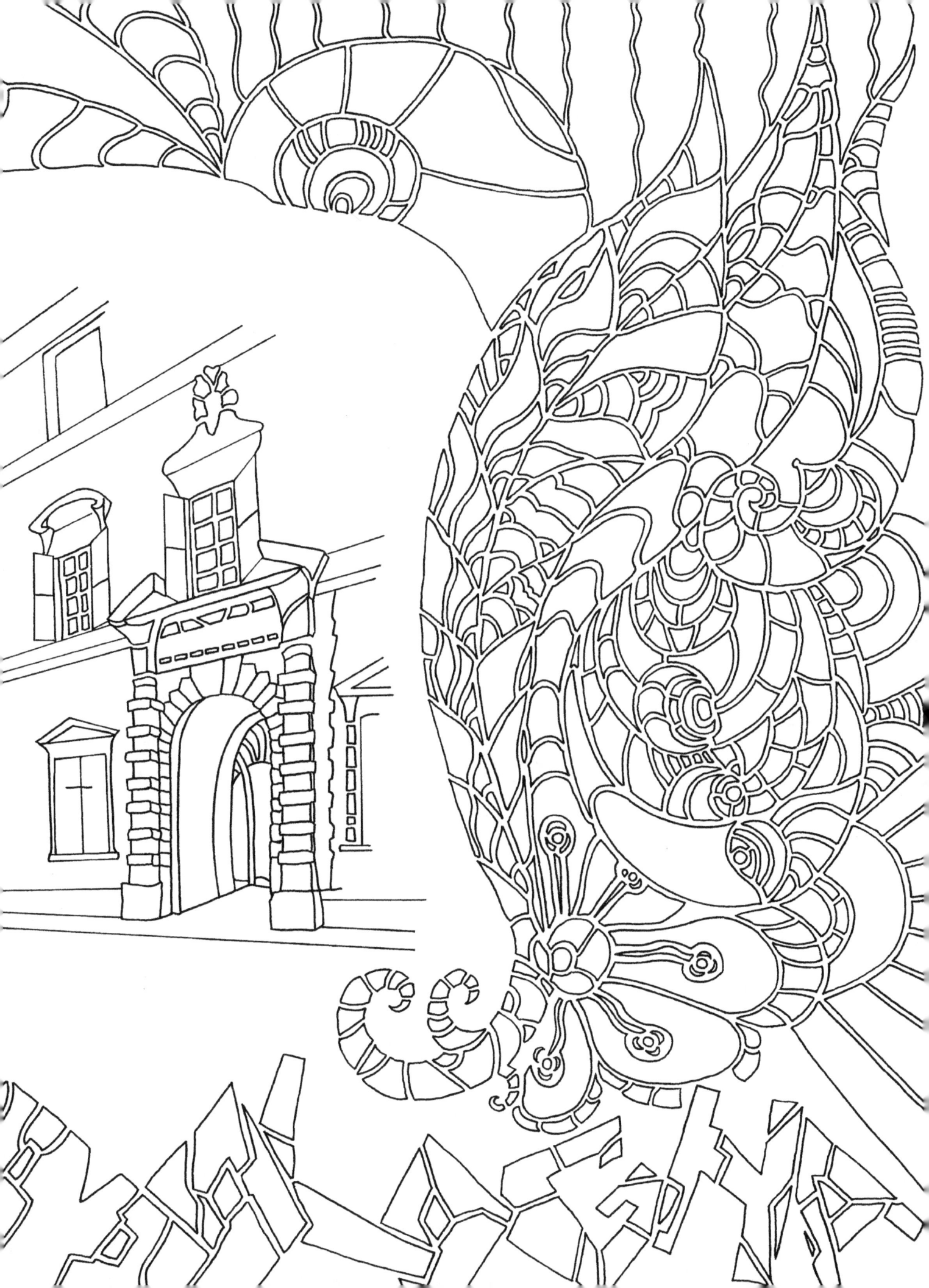

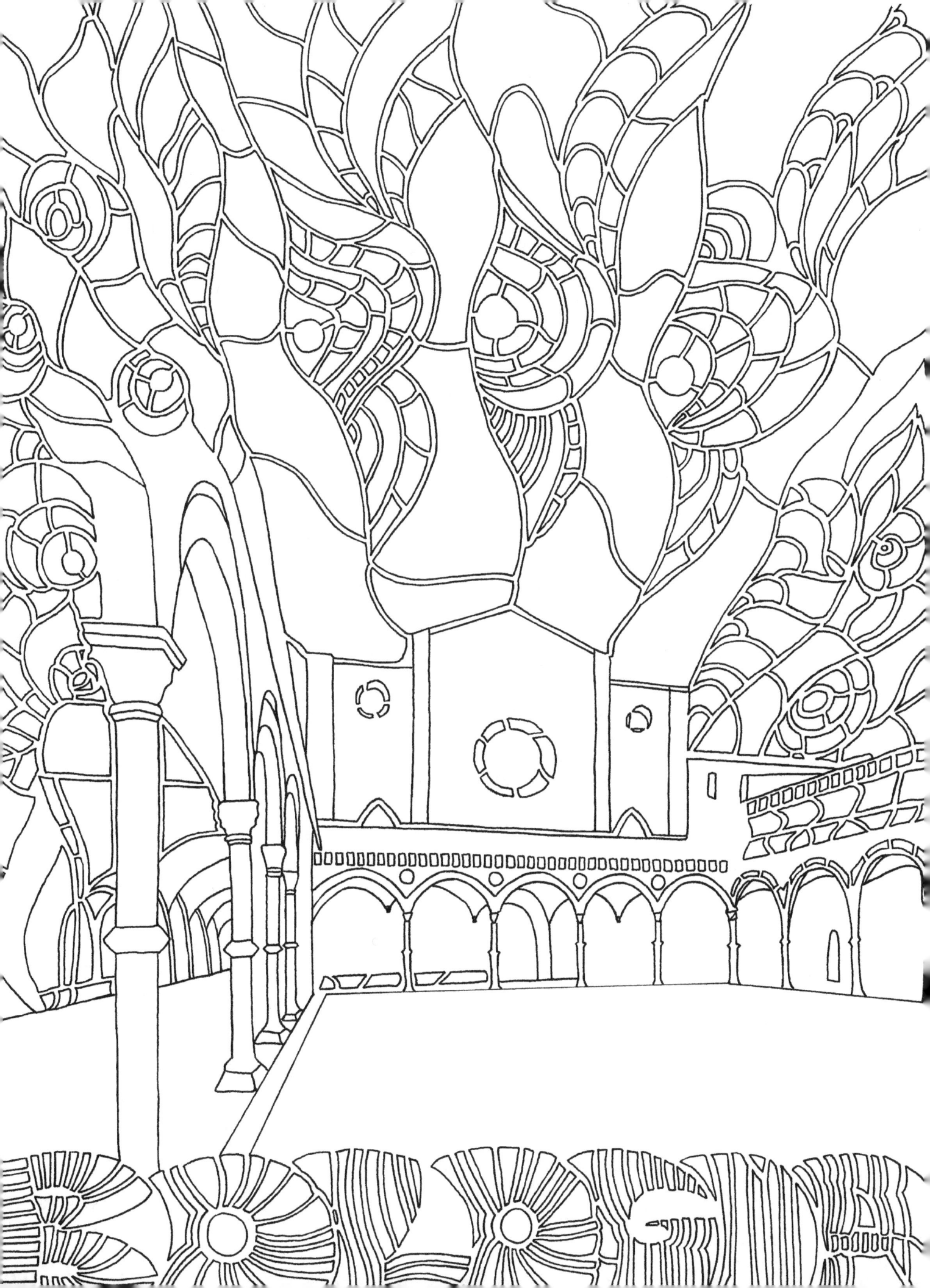

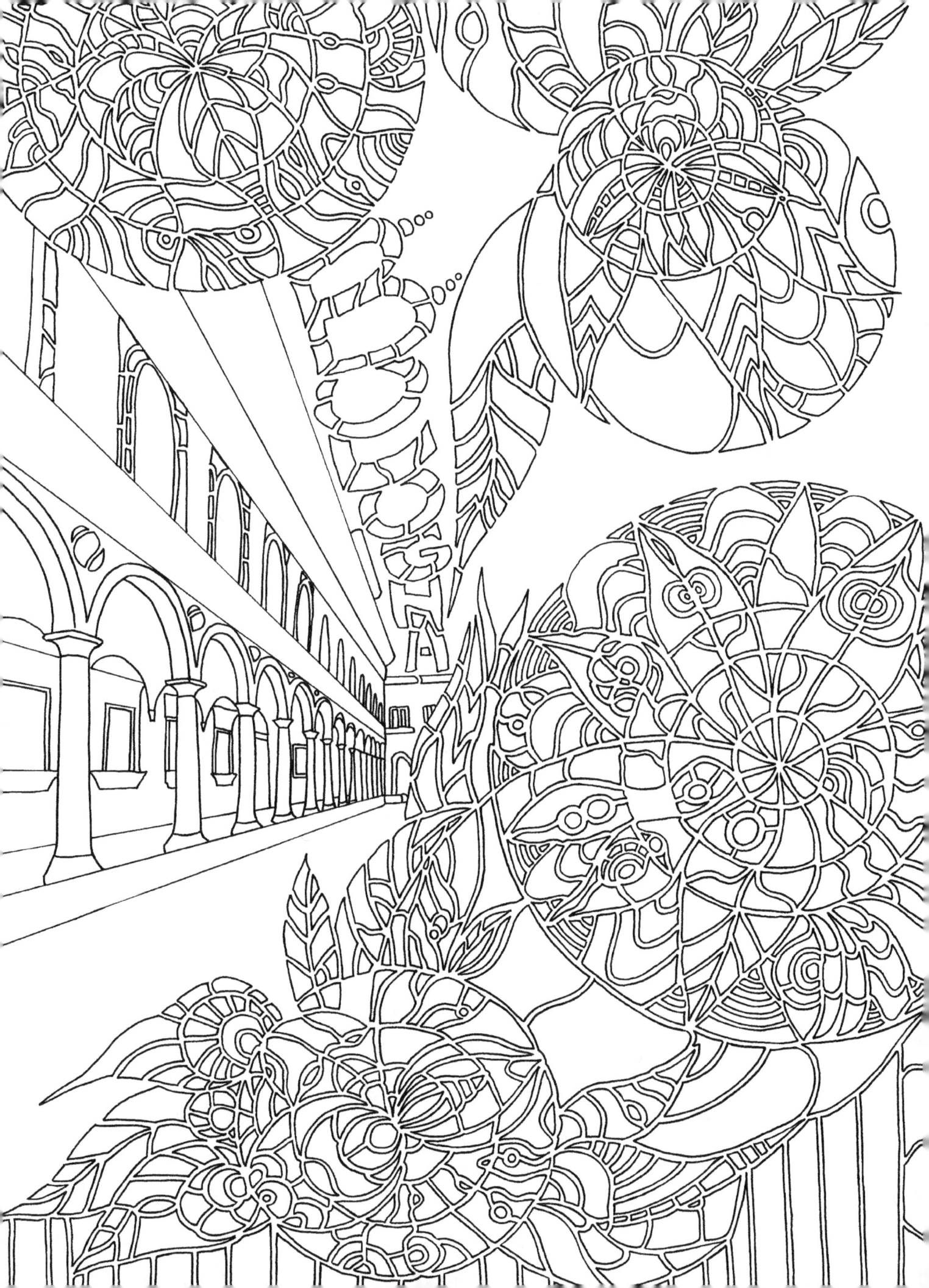

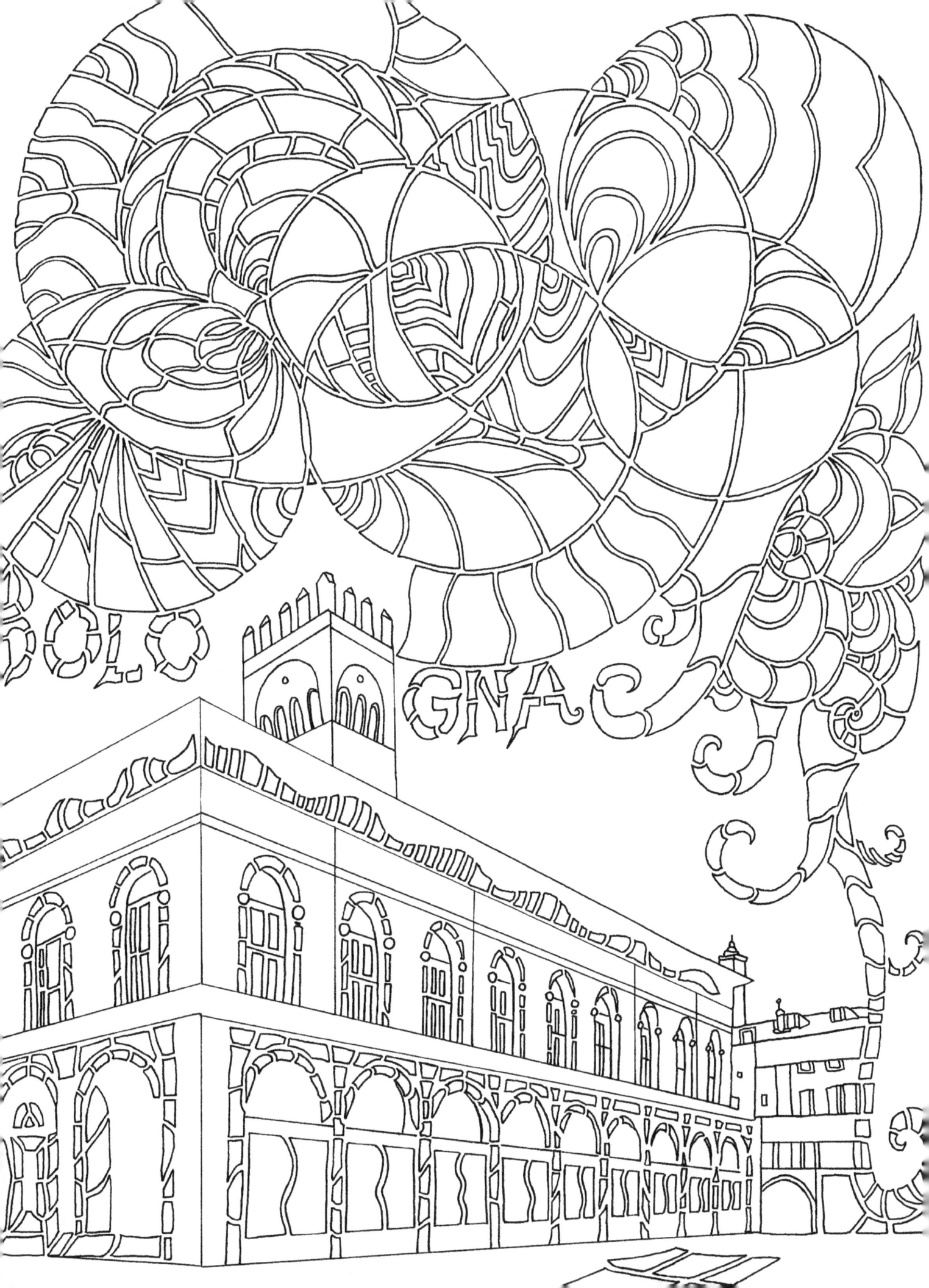

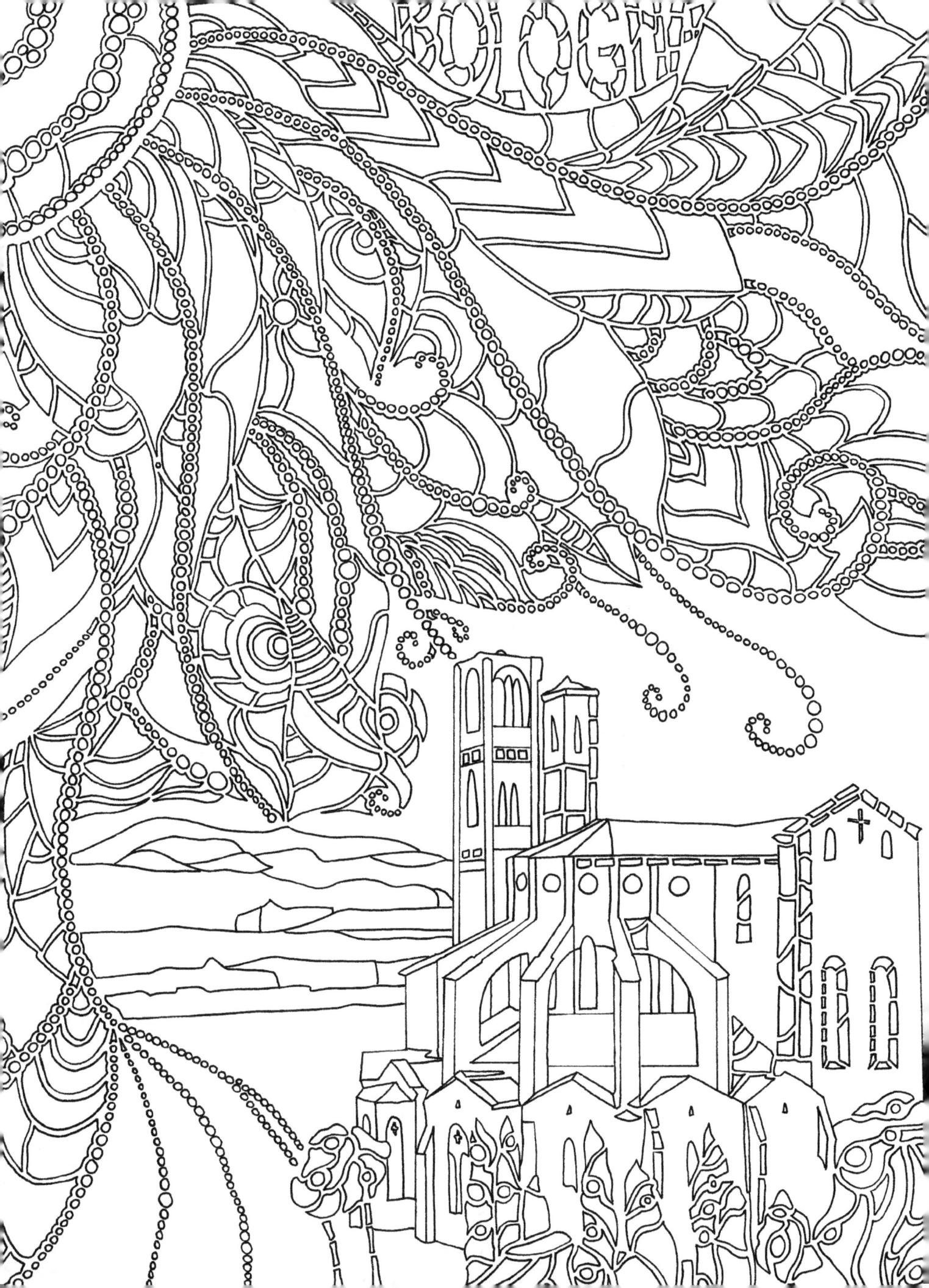

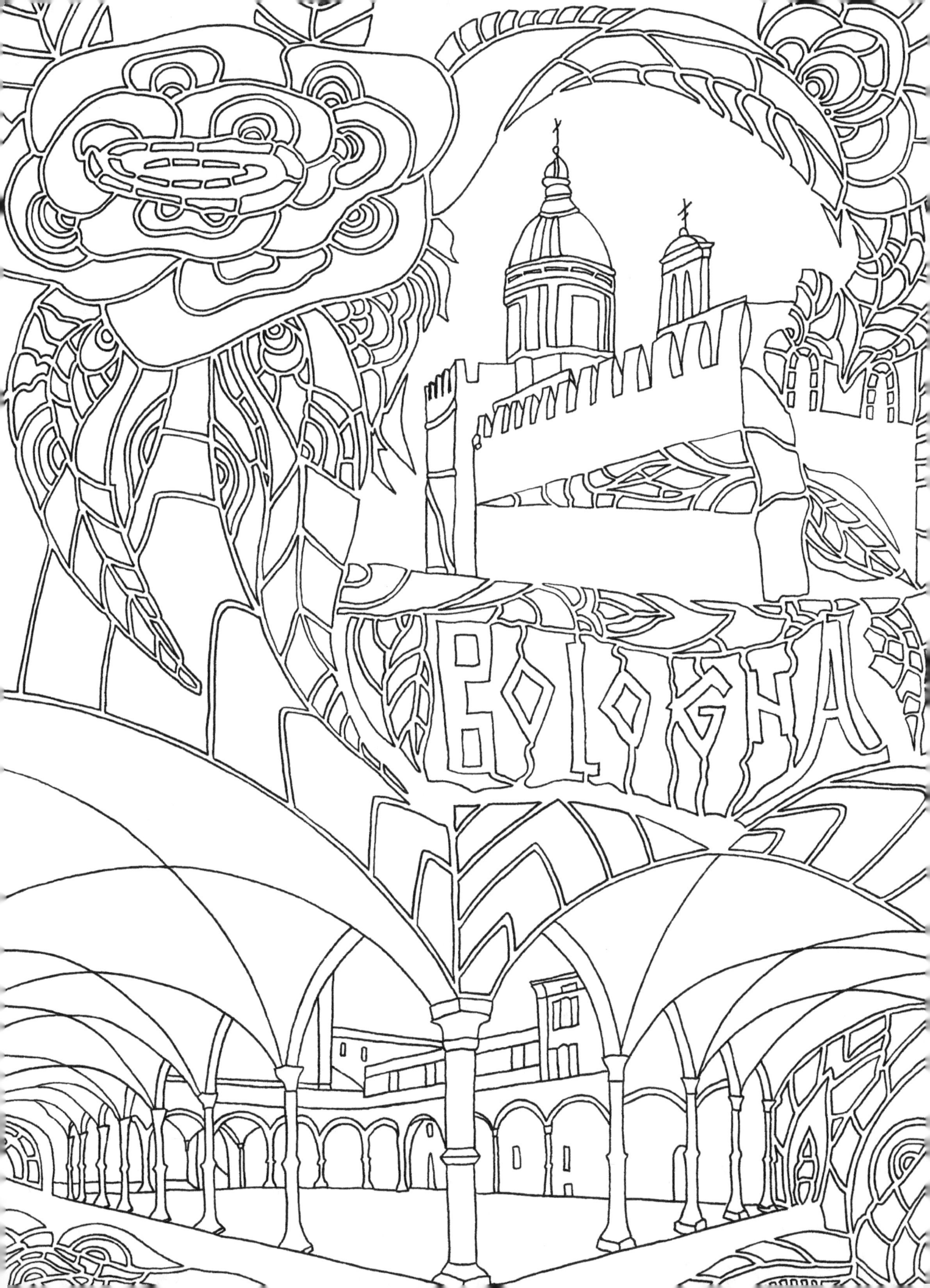

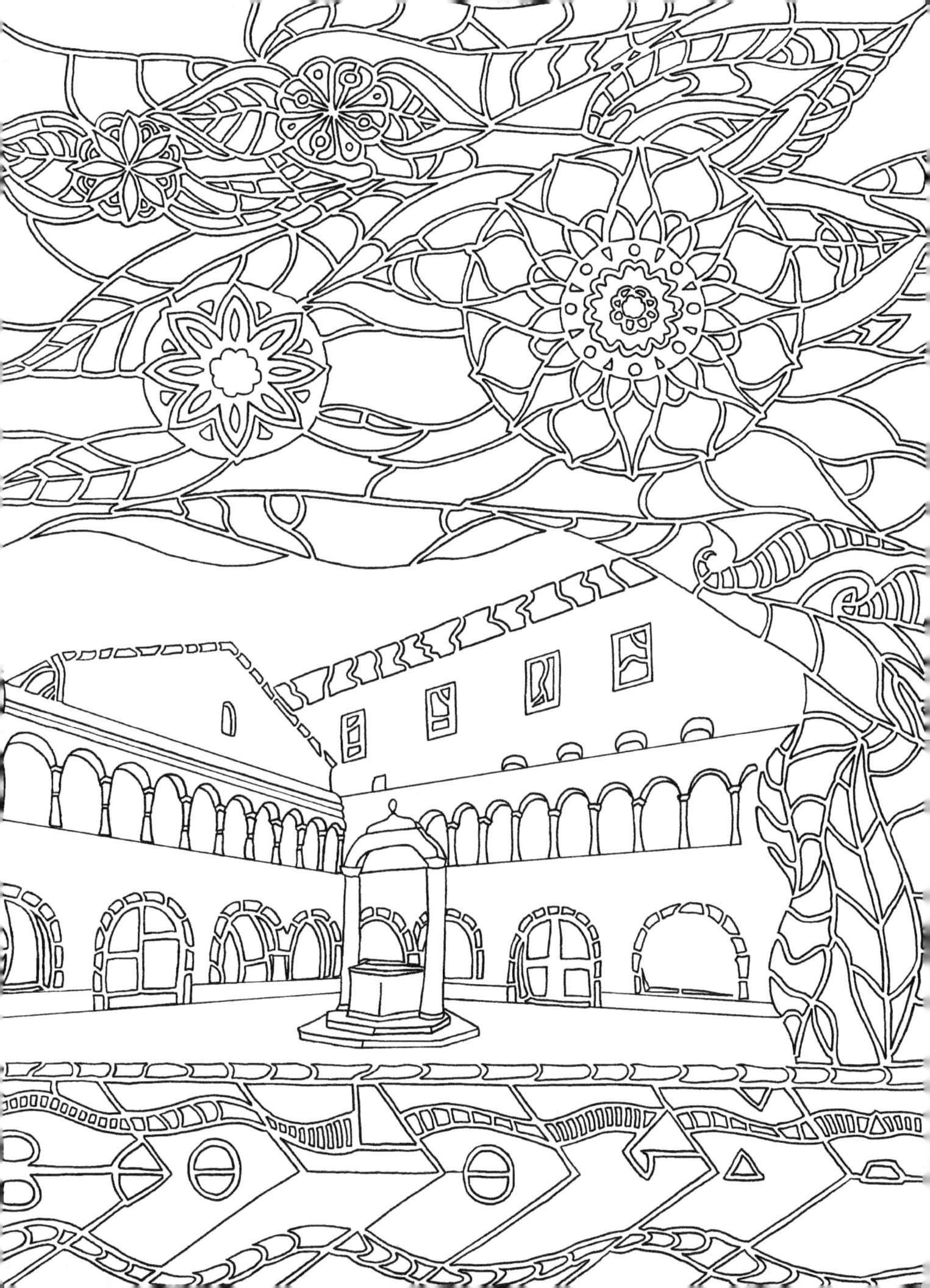

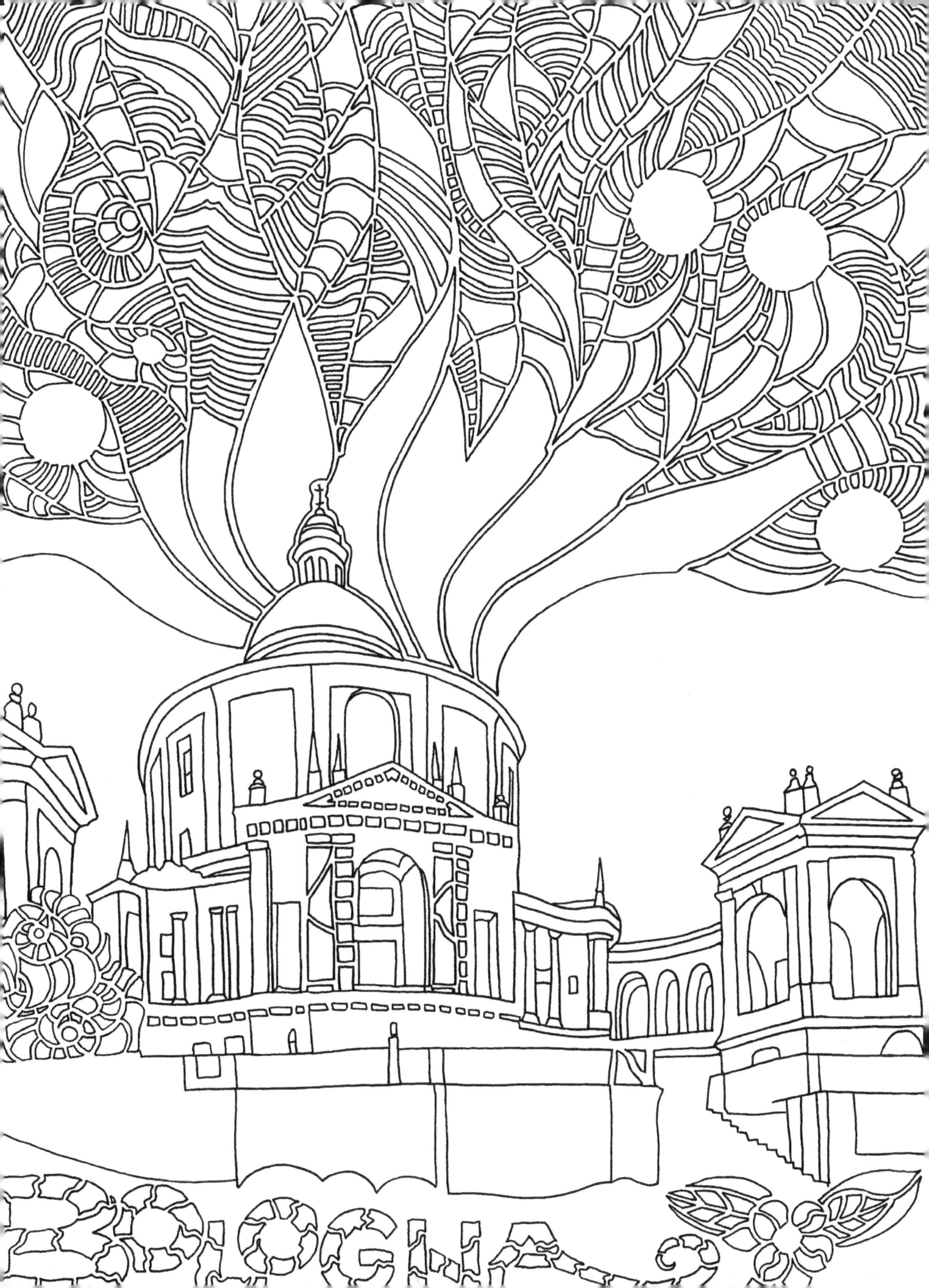

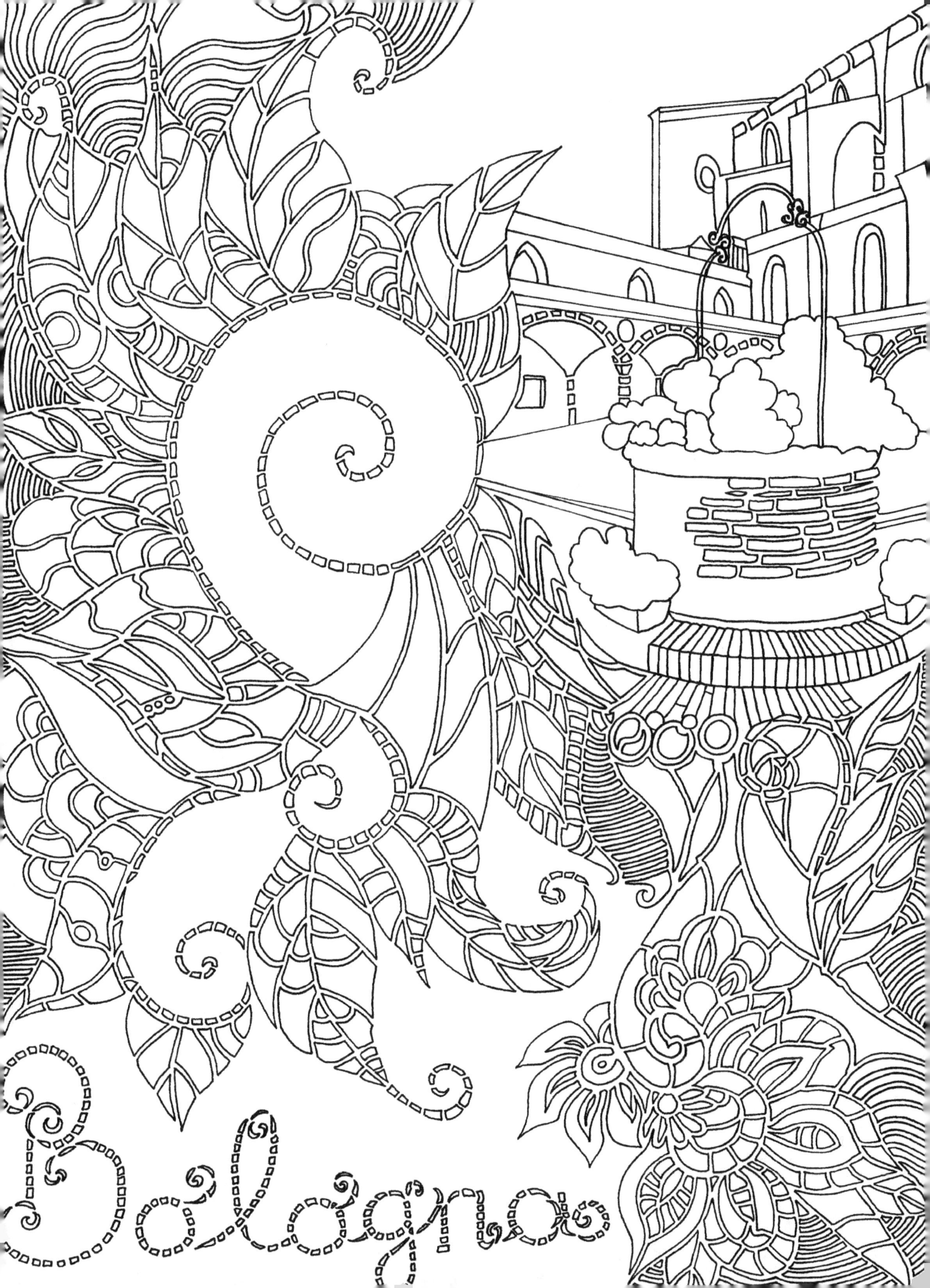

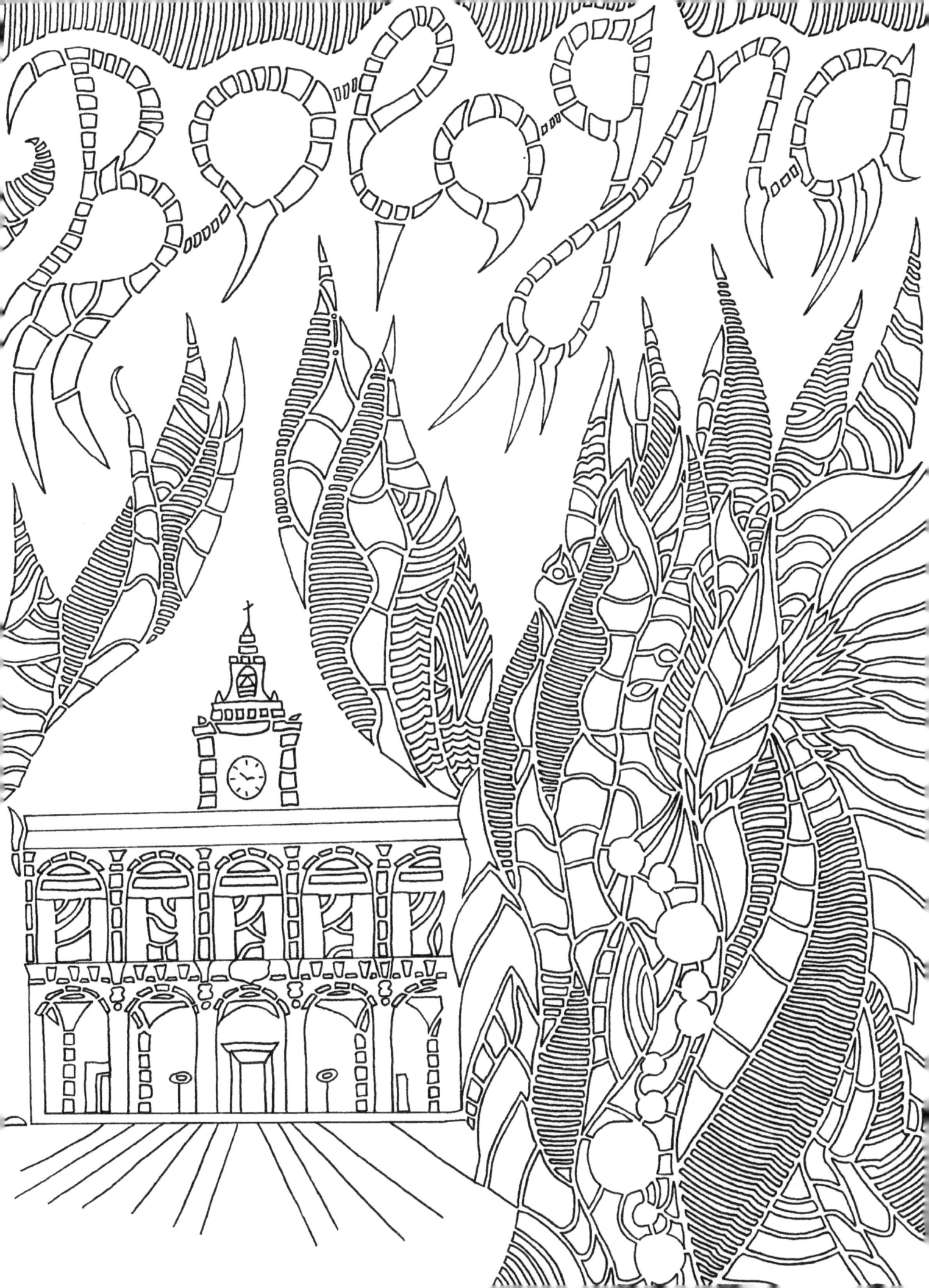

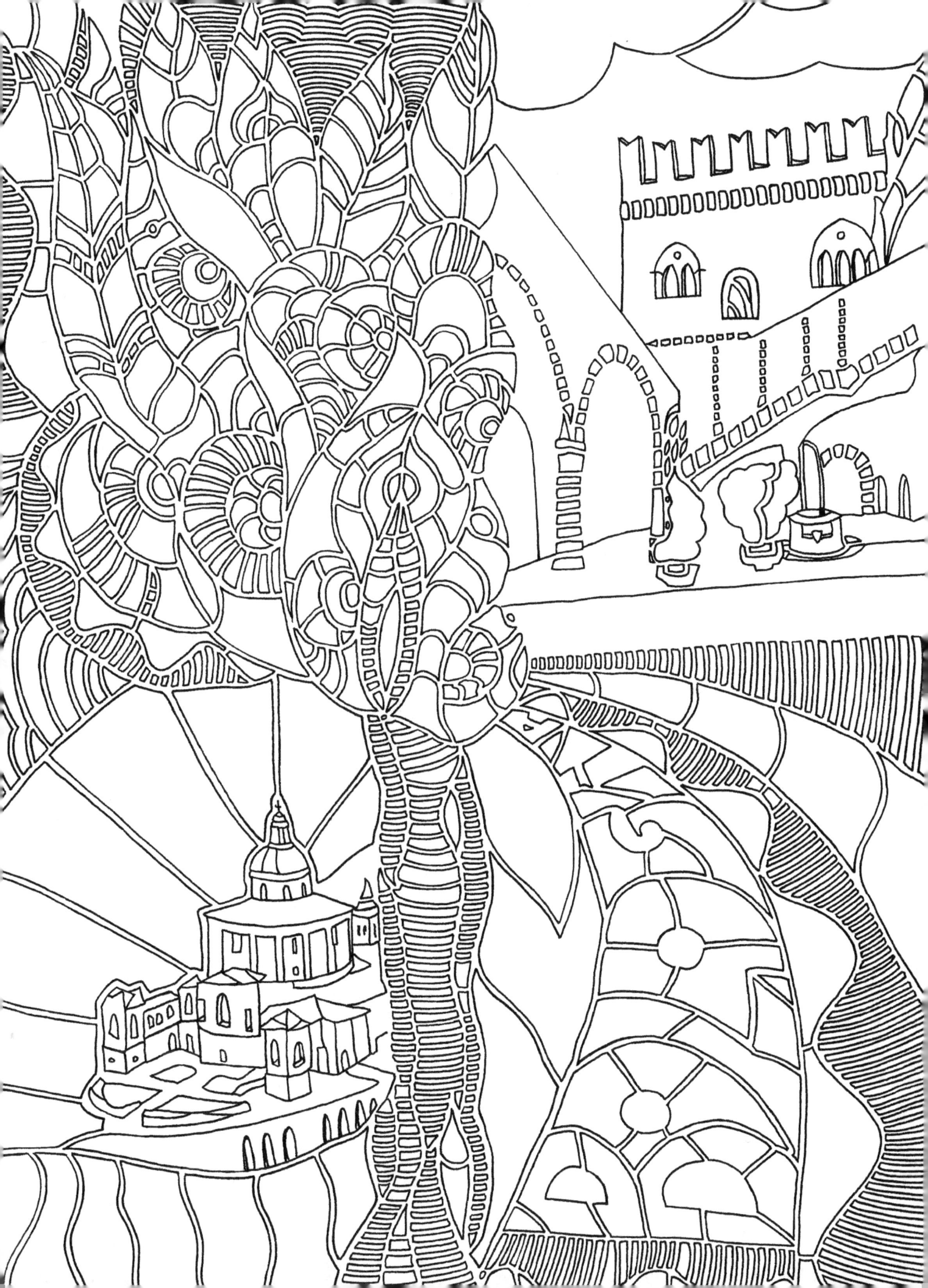

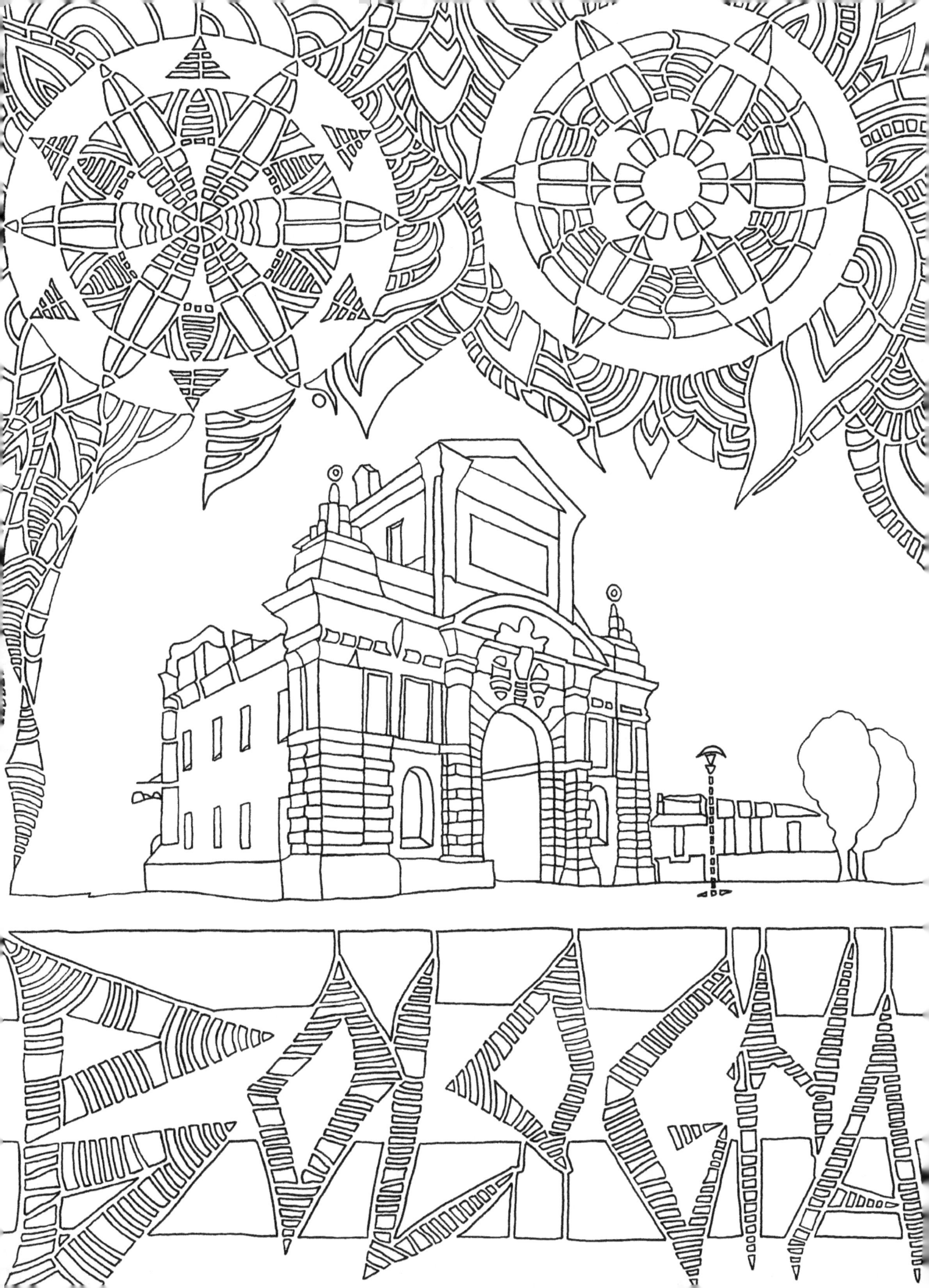

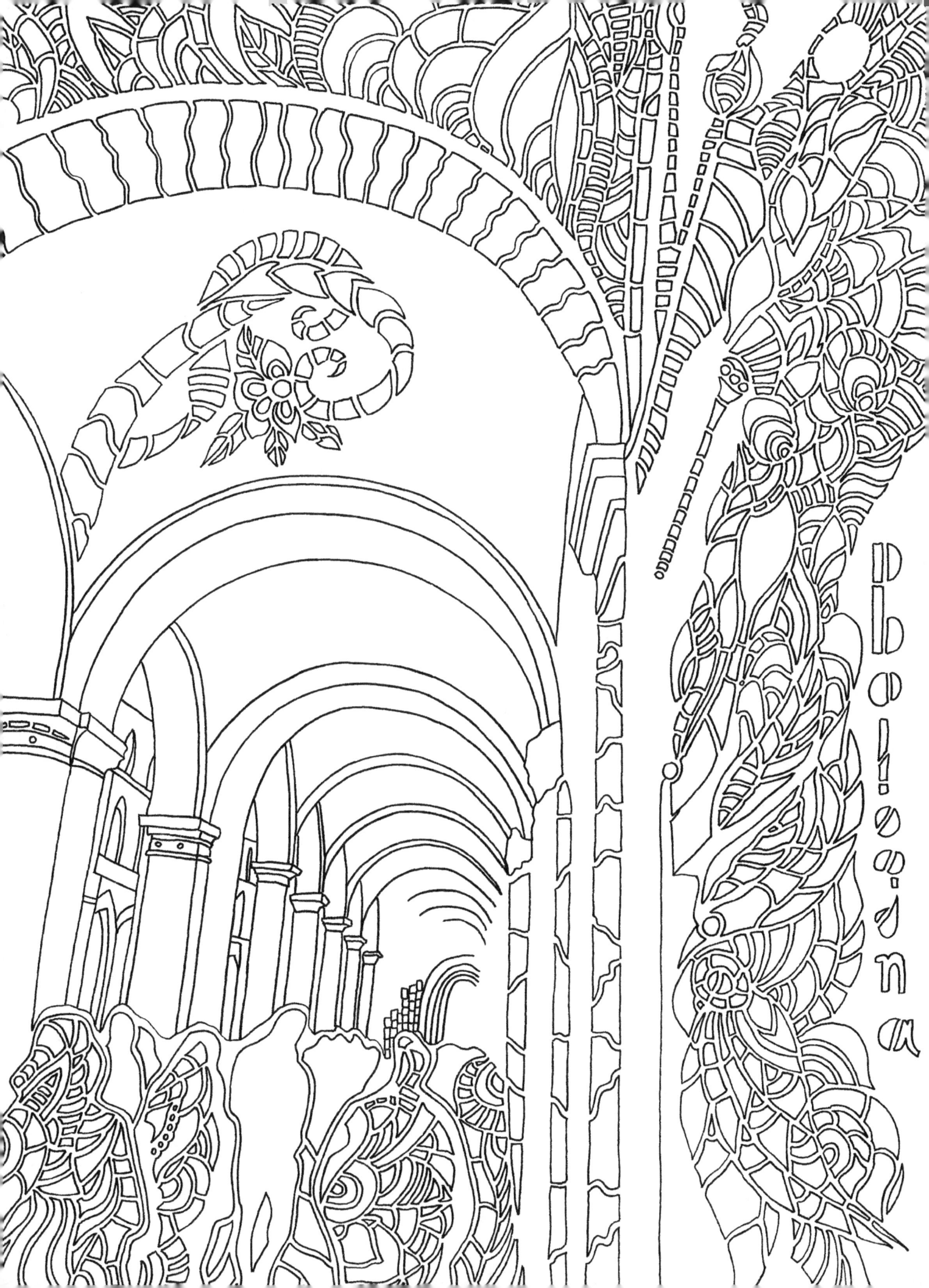

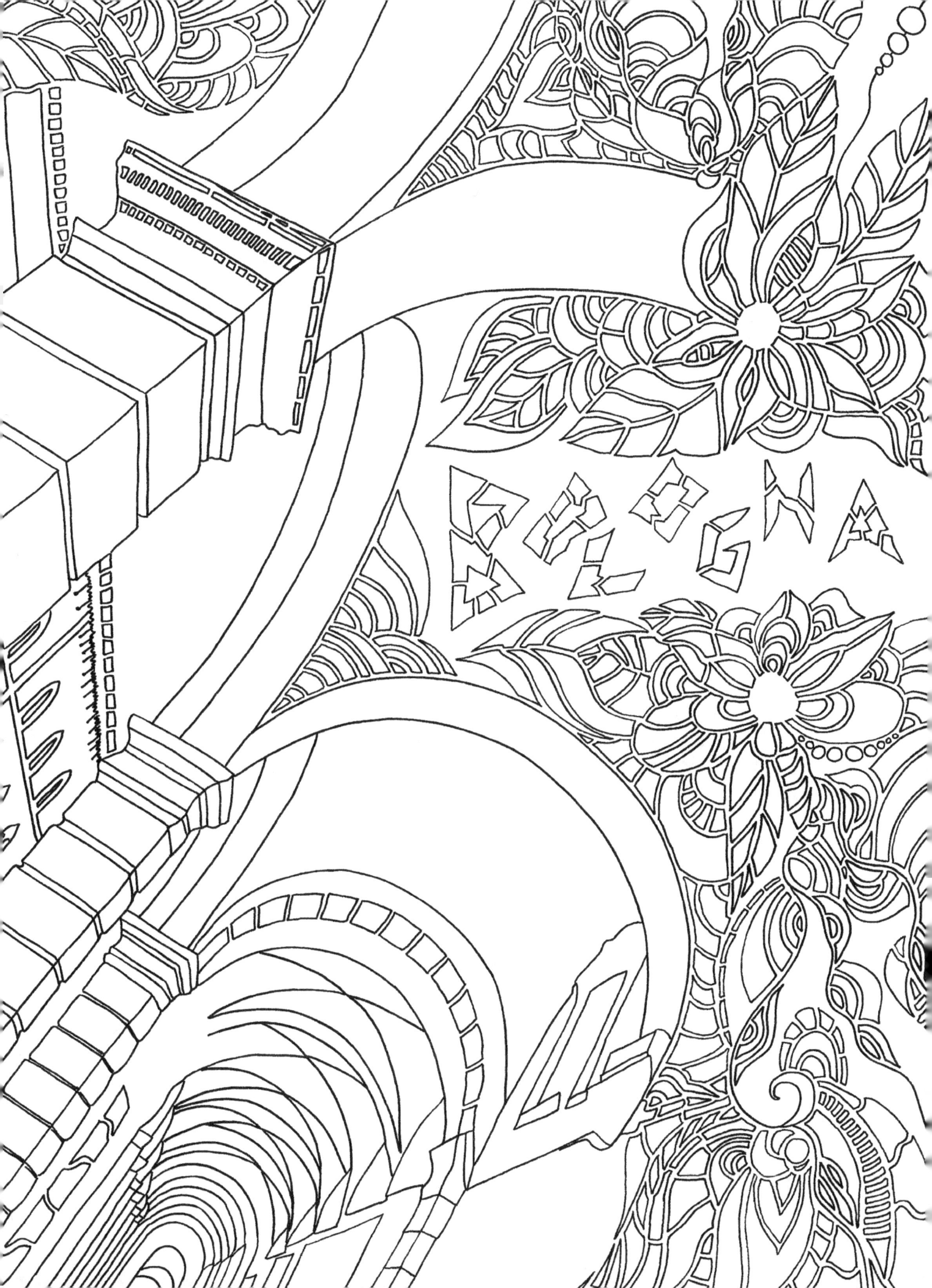

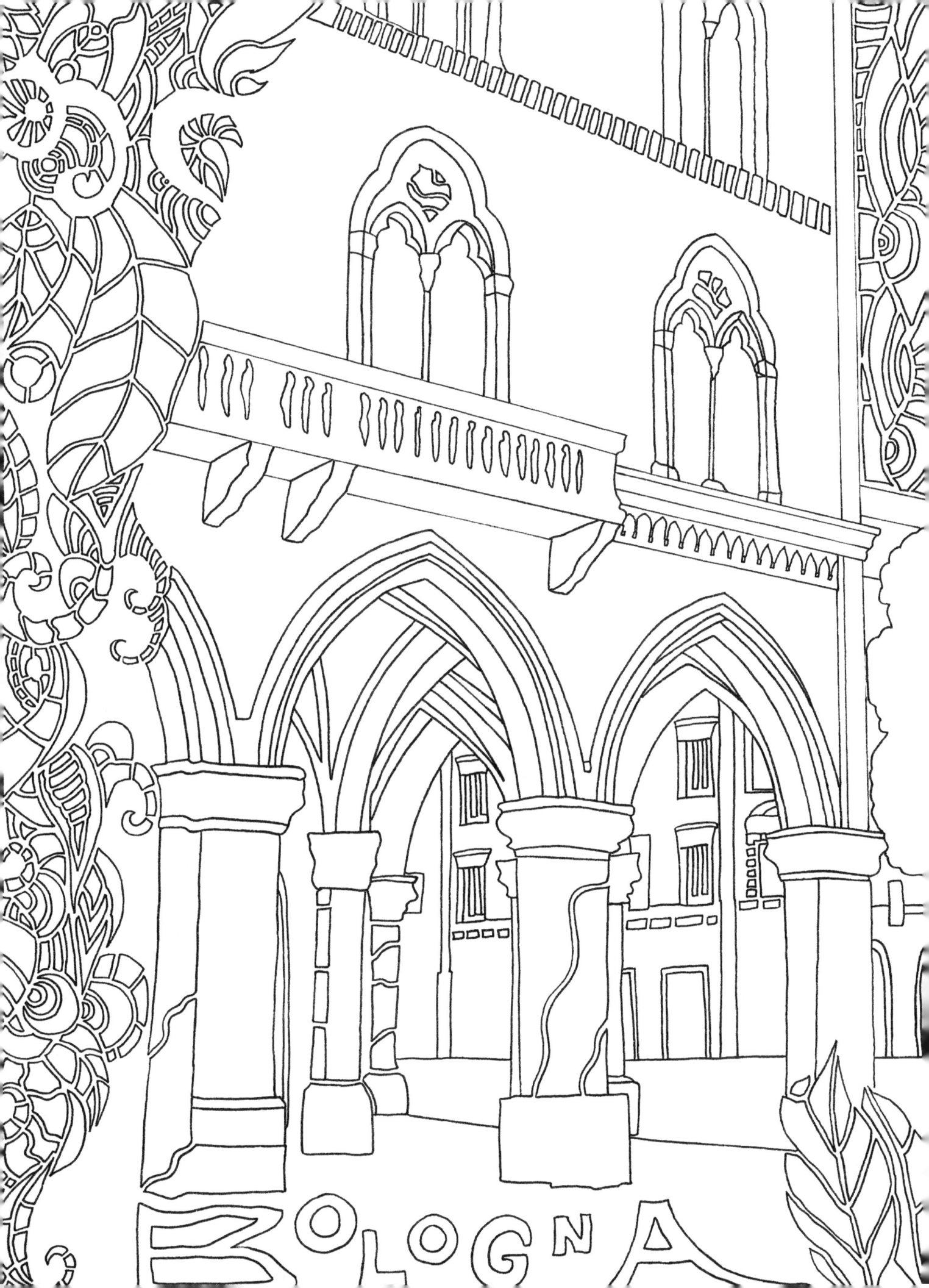

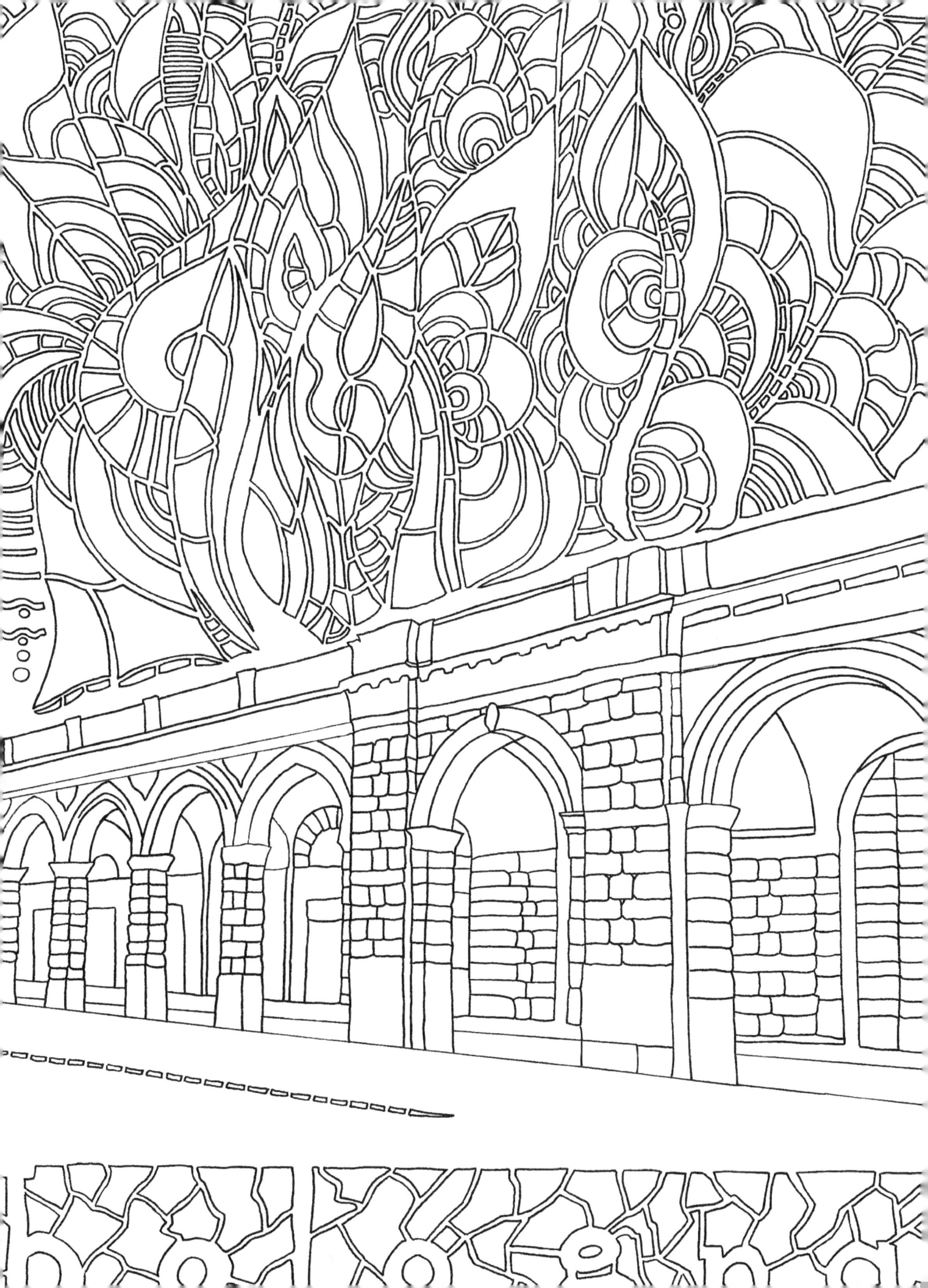

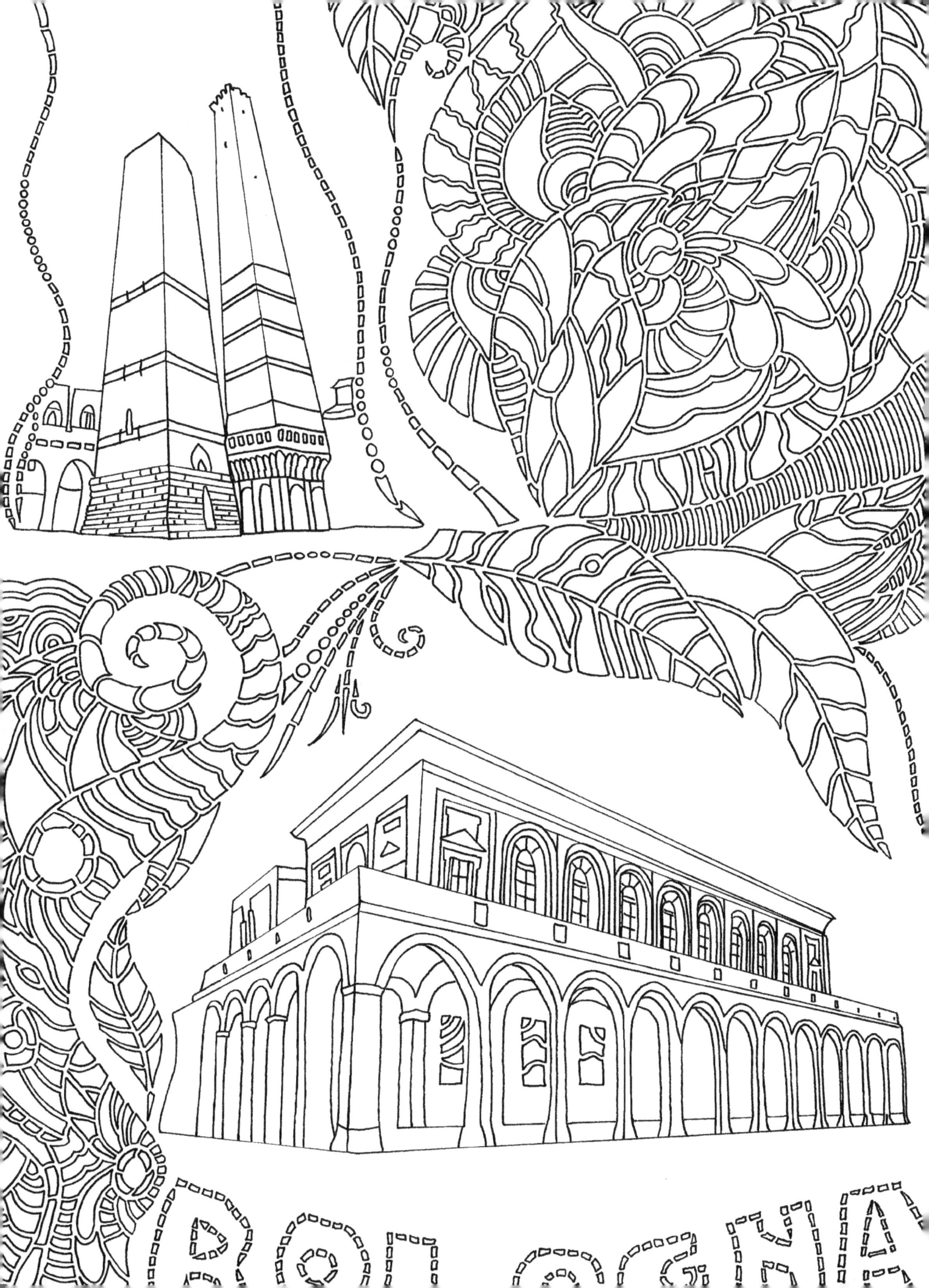

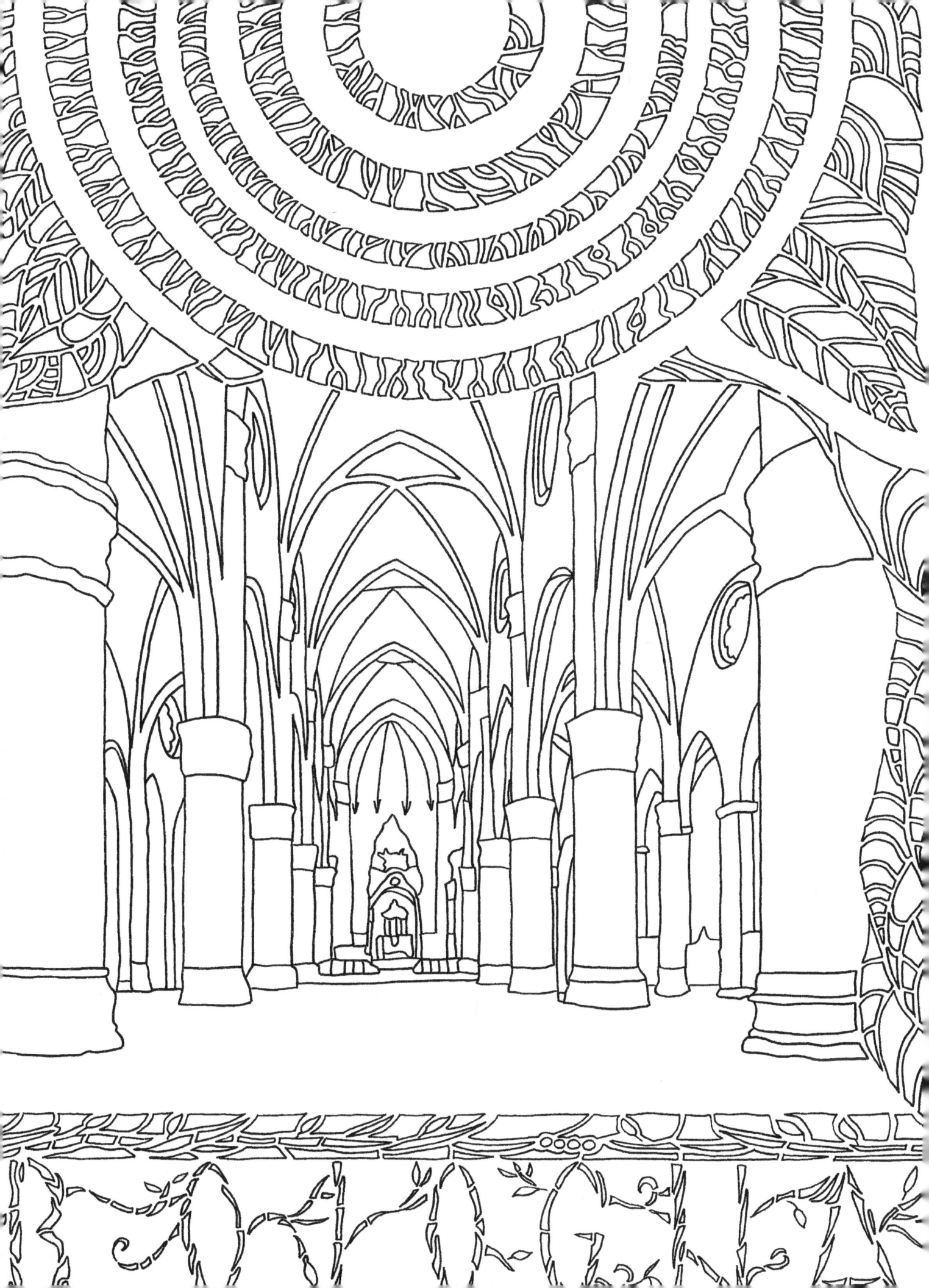

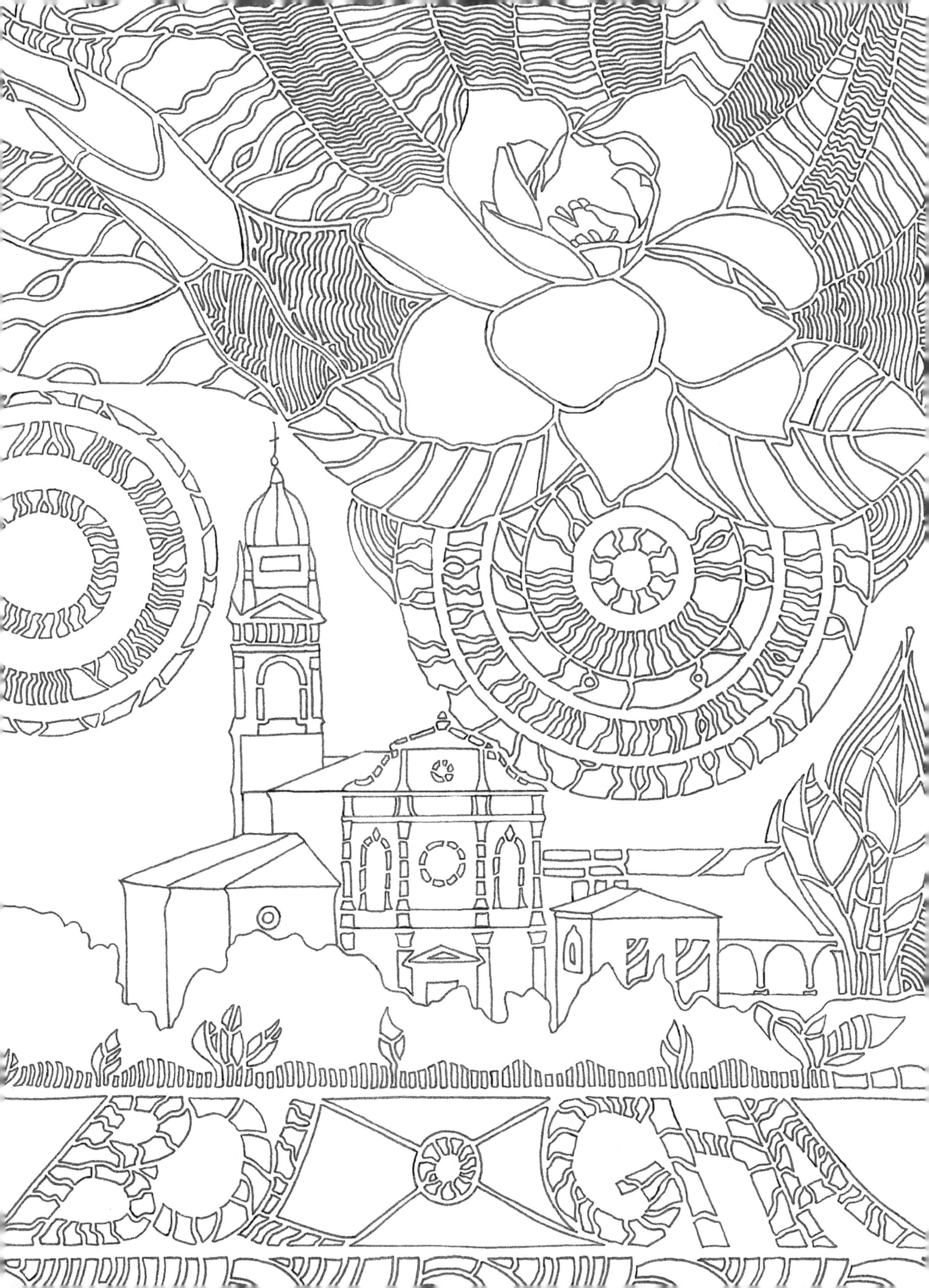

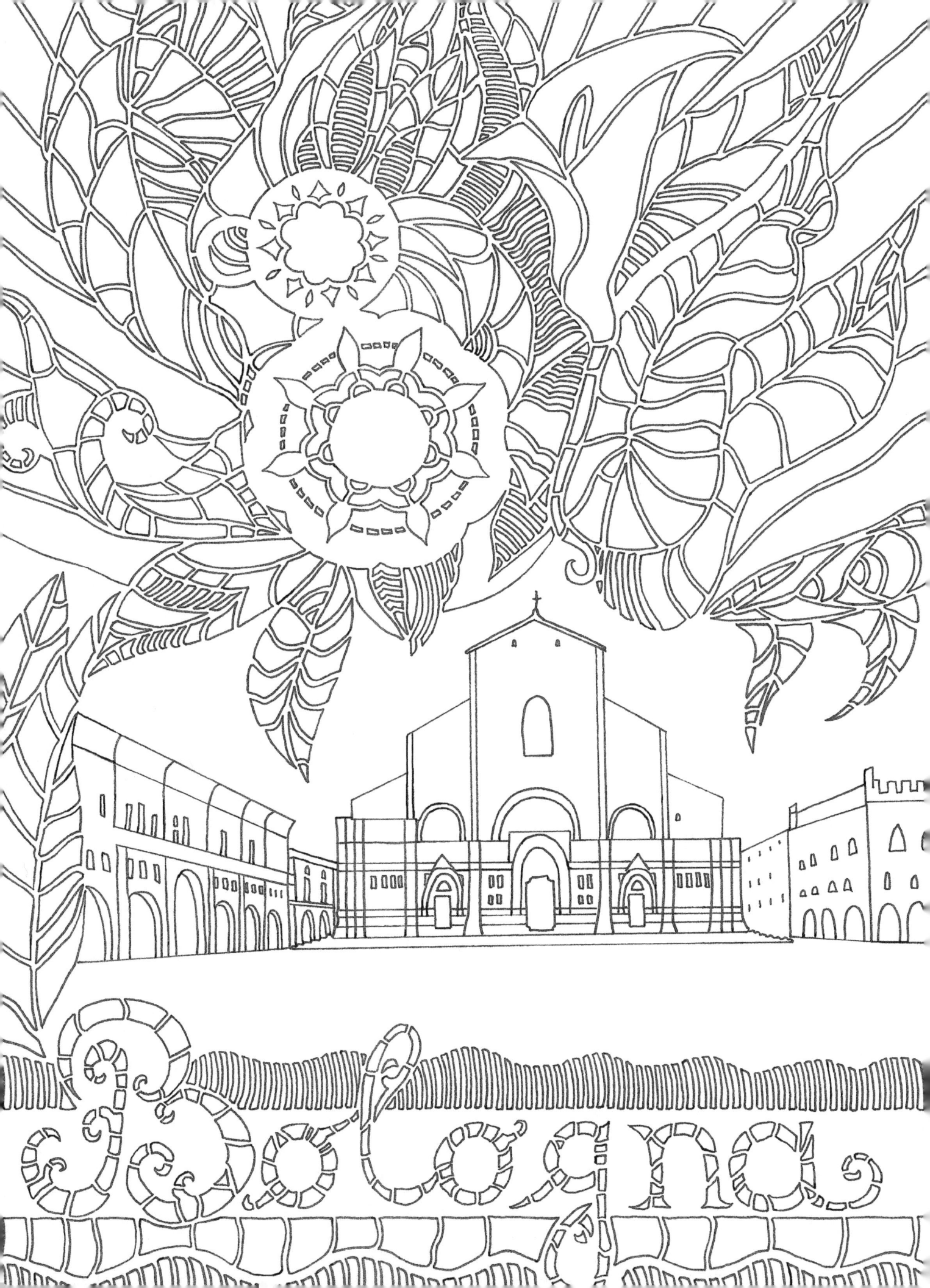

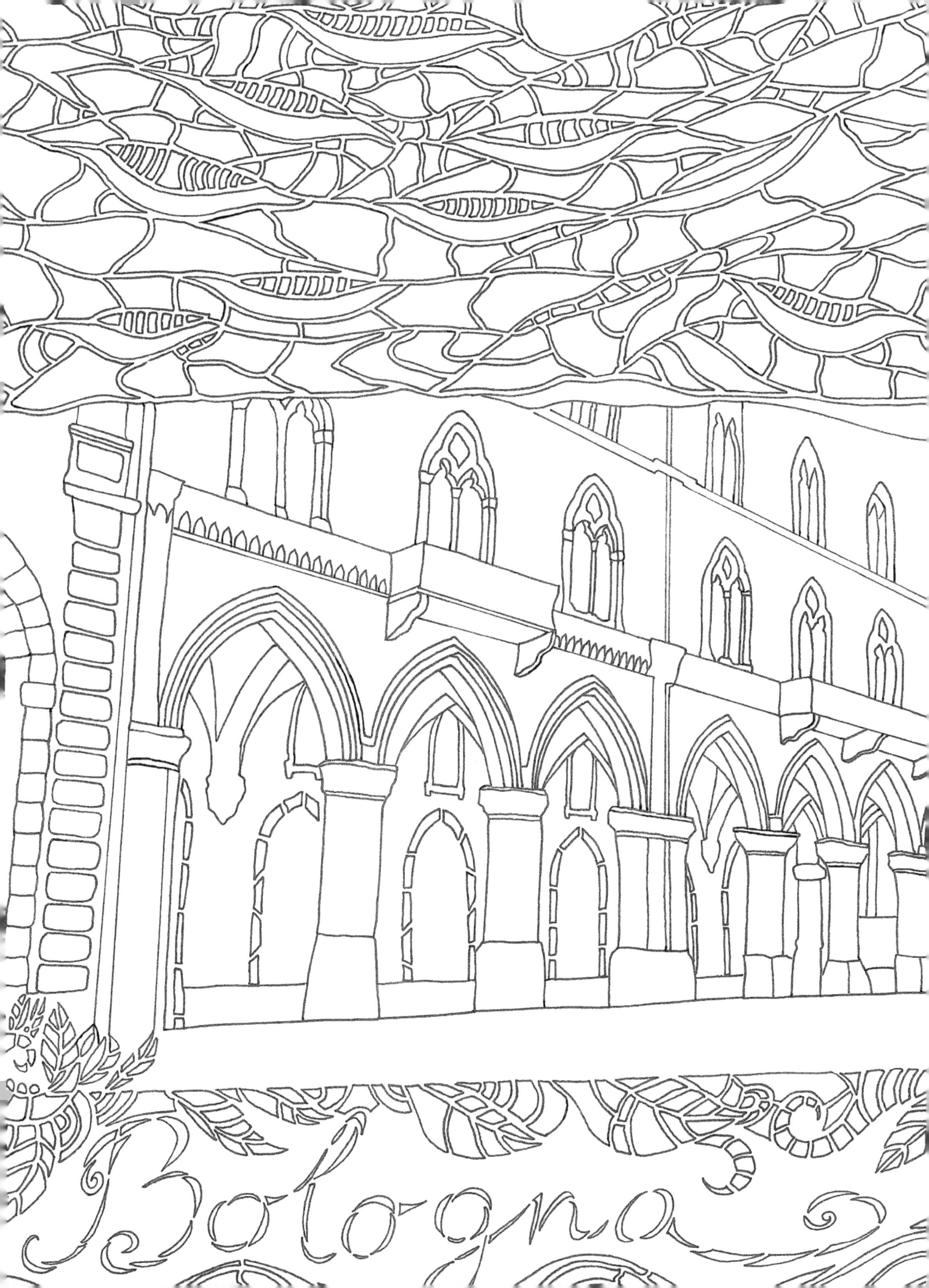

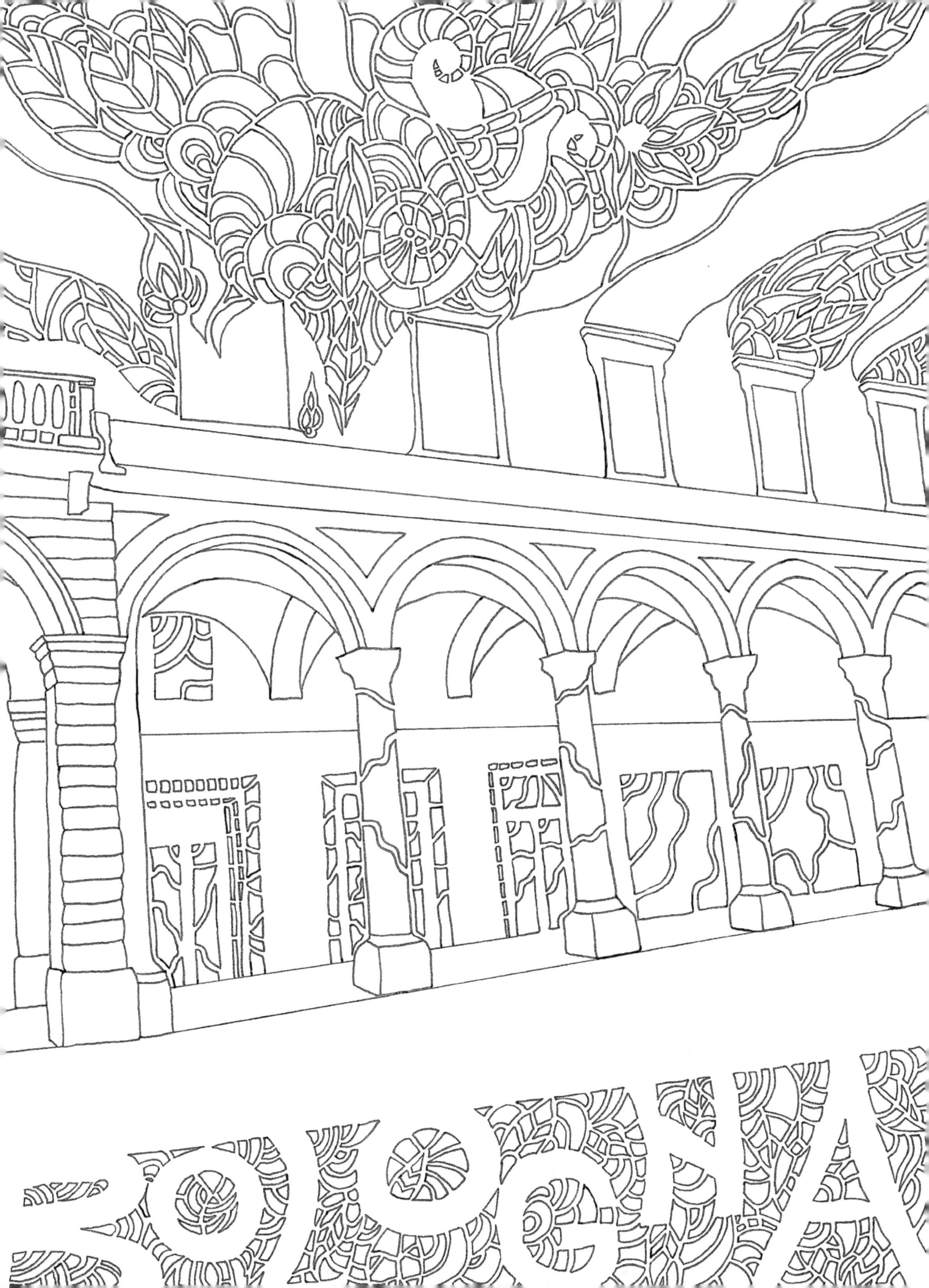

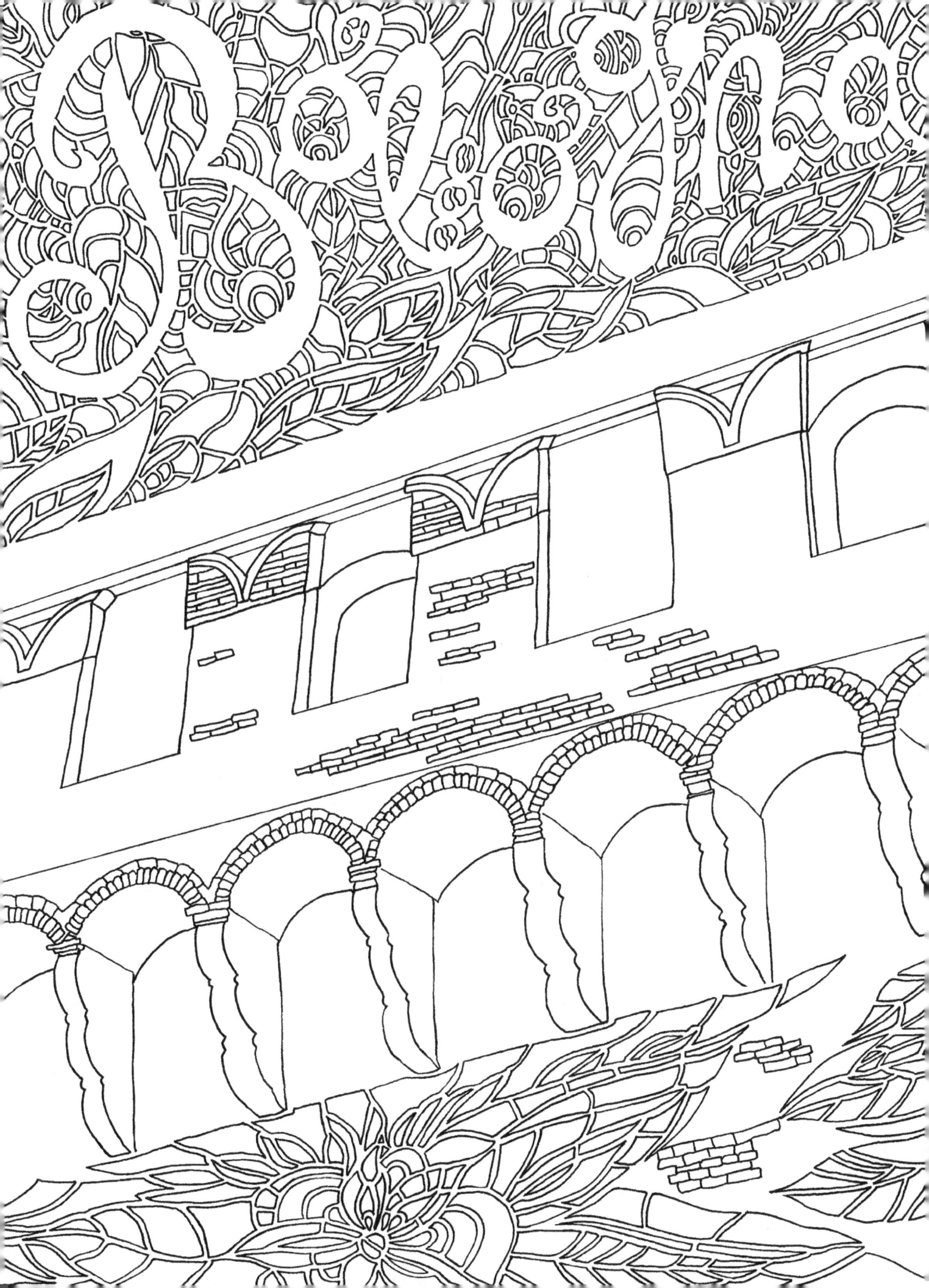

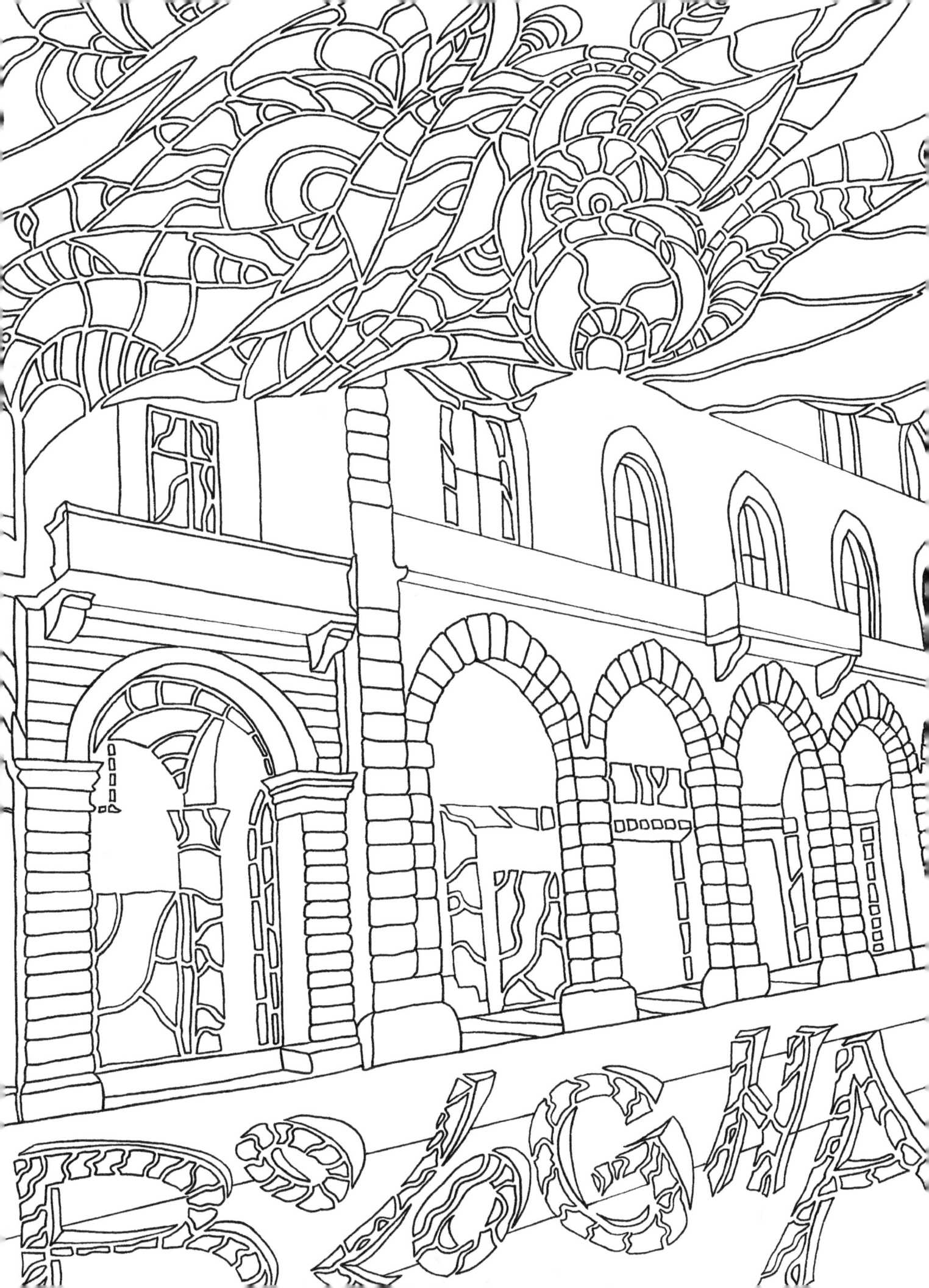

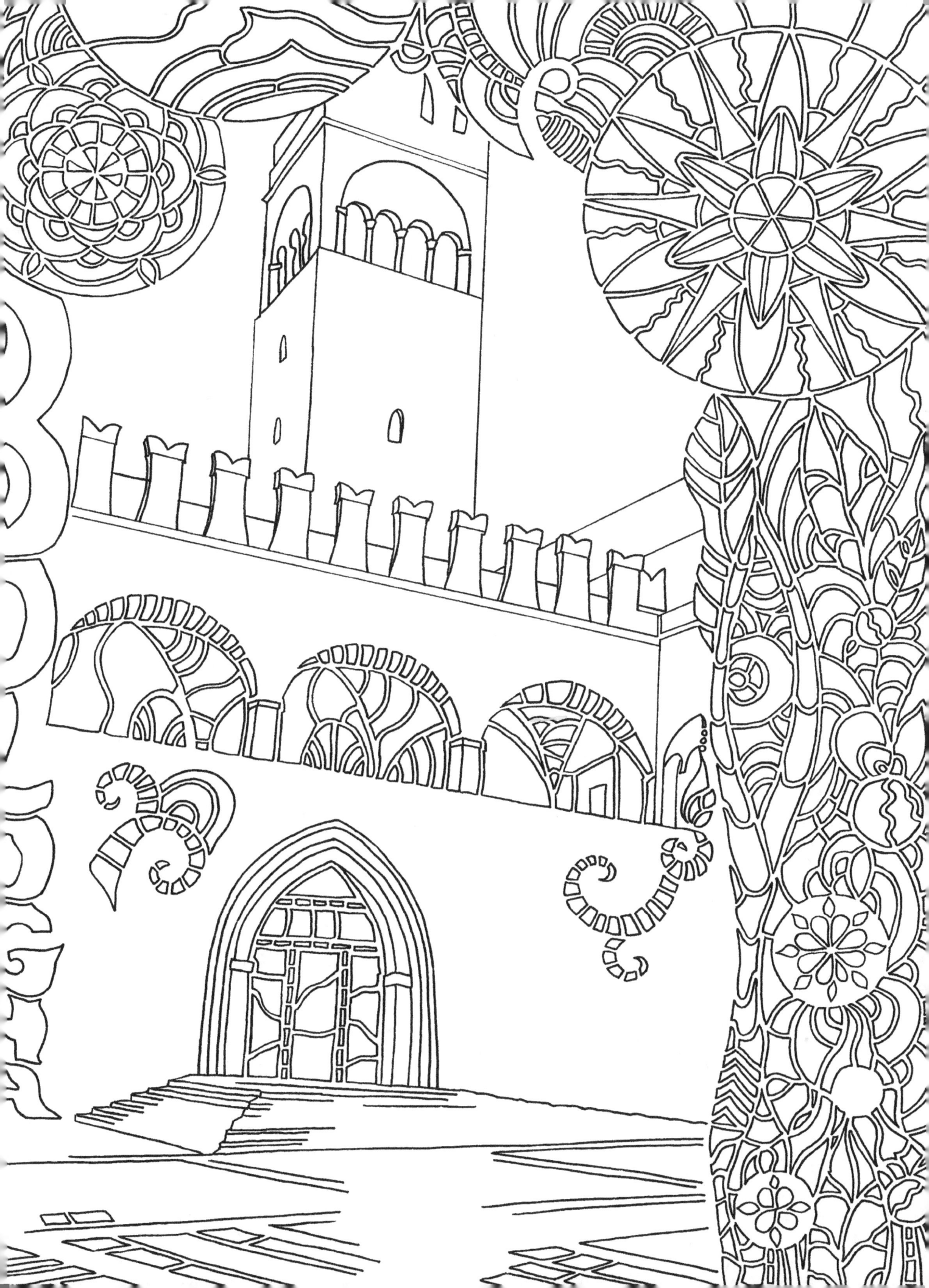

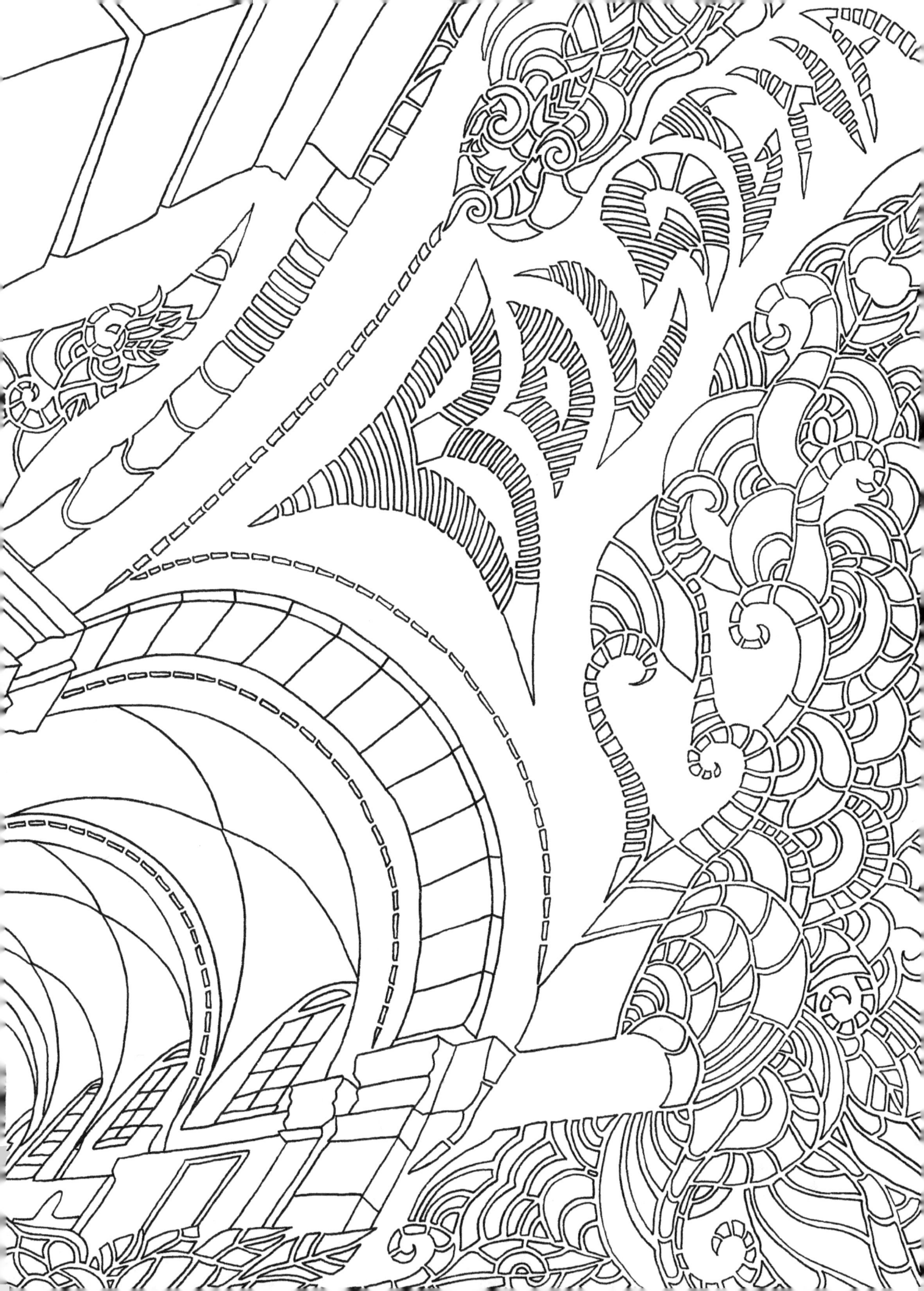

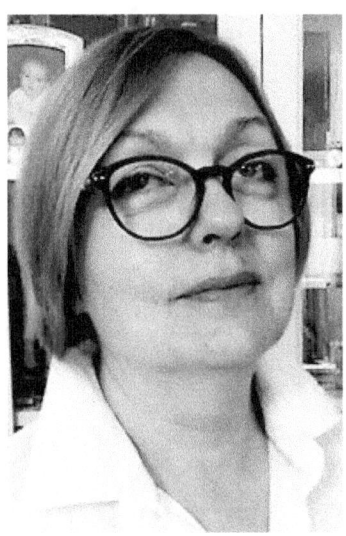

Andelka Pankovic, nata nel 1962 a Belgrado (Serbia) dove si è laureata in geologia. Vive da vent'anni a Trieste (Italia) con marito e figlio sedicenne. Da sempre appassionata al design, all'arte e al hand made. E in particolare a cucito creativo, sassi dipinti e decoupage. Ha fatto anche molti quadri olio su tela e pittura su vetro. Inoltre nutre particolare interesse per disegni ed illustrazioni che l'hanno portata alla creazione di 4 libri da colorare: Mandala, Trees&Flowers, La linea magica e Bologna.

www.ingramcontent.com/pod-product-compliance
Lightning Source LLC
Chambersburg PA
CBHW062351220526
45472CB00008B/1769